# たった1行でお客の心をつかむ「売れるキャッチコピー」と「買わせるキャッチコピー」

船井総合研究所
井手 聡

同文舘出版

# まえがき

「コトバひとつで、ビジネスは変わるのではないだろうか？」

私がキャッチコピーの持つ力に気づいたのは、もう10年近く前のことです。

ある関係先のカルチャーセンターで、業績アップのお手伝いをすることになった私は、講座タイトルを変える作業に着手しました。

そのカルチャーセンターは、数百の講座を開設していました。即効的に生徒数を増やすには、広告の改良が必要です。しかし、数百もの講座を展開するカルチャーセンターの広告は、スペースの制約から無機質な「講座一覧表」のようなものにせざるをえず、改良の余地は「講座タイトルを、より興味を持ってもらえるものに変える」ことぐらいしかありませんでした。

「生徒数が一気に増えるような、魅力的な講座タイトルとは？」

一つひとつの講座について、そればかりを考え、ようやく新しい広告を打つ日がやってきました。すると、いくつかの講座で驚くような反応が見られました。特に、「話し方教室」「俳句入門」という2つの講座で、生徒数が2倍、3倍へと増えたのです。

「話し方教室」については、その講座を受ける生徒を具体的にイメージして、講座タイトルに反映させました。私が考えたタイトルは、「ビジネス3分間スピーチ」というものでした。会社の朝礼や会議など、人前で話さなければならないことが多いが、毎回うまくしゃべることができない。もっとウケる話がしたい。そう考えている人にピントを合わせたことが功を奏しました。

「俳句入門」は初心者向けの講座なので、もっと俳句の楽しさが伝わるような講座にしたい。以前、テレビの番組で、外国人が日本人になりきって、自由に楽しそうに俳句を詠んでいる姿が印象に残っていた私は、「俳句堪能！　なりきり松尾芭蕉」というタイトルを付けました。これが大きな反響を呼んだのです。

たったひとことで、こんなにも多くのお客様の心をつかむことができるのか。この経験によって、私はキャッチコピーに対して深い興味を持つようになったのです。

私はキャッチコピーを作るとき、2つの段階を踏むようにしています。

第1の段階は、「何を伝えるか」を決めること。商品のキャッチコピーをつくるときには、その商品の何を伝えるのかを明確にしなければなりません。その商品で、お客様に最もアピールできるポイントは何か。思いつくままにどんどん出して、最終的にひとつに絞り込みます。

そして第2の段階は、「どのように伝えるか」を決めることです。溢れる情報の中で

「おっ？」と気に留めてもらうためには、余計なこと、つまり「コトバのぜい肉」は極限までそぎ落とし、端的に伝えなくてはなりません。

また、そのことを伝えるのに最も適したコトバは何か、どんな順序でコトバを並べるのが伝わりやすいかを検討することも必要です。これについても、同じく何パターンも候補を書き出して、最後にひとつに絞ります。

このようにして、はじめて効果的なキャッチコピーが生まれるわけですが、これは私のようなコンサルタントやコピーライターといった、「コトバのプロ」がとる手法です。多忙なみなさんにとっては、現実的な手法とは言えないでしょう。

そこで本書では、効果的なキャッチコピーをいくつかの「型」に分類して紹介することにしました。みなさんは、その「型」をもとにアレンジすれば、より効率的にキャッチコピーが作れるはずです。

本書が、みなさんの会社や店のお客様集めに役立つことを、著者として切に願っています。

2010年7月

井手　聡

CONTENTS



## 第1章 「メリット」「デメリット」で気を引くキャッチコピー



## 第2章 「好奇心」で誘い込むキャッチコピー

第3章

# 「感情」に強く訴えかけるキャッチコピー



第4章

# 「想像」でその気にさせるキャッチコピー

第5章
「大衆心理」を突くキャッチコピー



第6章
「親近感」でピンとこさせるキャッチコピー

第7章 「数字」をフル活用するキャッチコピー



第8章 「安心感」で納得させるキャッチコピー

# 第9章 「意表」をついてうならせるキャッチコピー



# 第10章 「変化」「対比」で心を揺さぶるキャッチコピー

## 第11章 「力強さ」で圧倒するキャッチコピー



## 第12章 あの手この手で「目立たせる」キャッチコピー

装丁／高橋明香
装丁イラスト／師岡とおる
本文組版／おかっぱ製作所

第1章

# 「メリット」「デメリット」で気を引くキャッチコピー

# 01

# メリットを明確に伝える

相手にとっての「メリット」を表現すること……これが、キャッチコピーづくりの基本中の基本です。

「キャッチコピーとは宣伝文句のことなのだから、そんなことは当たり前ではないか」と思われるかもしれませんが、意外にも、この基本を押さえていないものが少なくありません。

なぜそうなるのかというと、キャッチコピーのつくり手が知らず知らずのうちに、

①奇をてらう（インパクトを狙う）
②イメージや語感をよくする

ということに走ってしまうからです。

また、技術的な壁もあります。商品が持つメリットを、キャッチコピーという「ひとこと」や「一文」に短くまとめて言い切るというのは、案外難しいものなのです。

特に、いくつもの特長や機能を持つ商品の場合。特長や機能がひとつしかない商品であれ

ば、それをそのままキャッチコピーにすればいいのですが、実際にはそのような商品は珍しいものです。さまざまなセールスポイントを持つ商品を、たったひとことで表現するのは、やってみると簡単ではないことに気がつきます。

このようなときは、その商品が持つ複数の特長や機能、つまりメリットの中から、思い切ってひとつかふたつに絞り込む勇気が必要です。たとえば、次のキャッチコピーを見てください。

## 60分以内にお伺いします！

これは、あるリフォーム会社のキャッチコピーです。この会社は、このキャッチコピーをそのままタイトルに使ったチラシで、大きな反響を巻き起こしました。

このキャッチコピーが生まれた背景には、見積依頼の電話をしても、「今、忙しいので」などと言ってなかなか見積りに来てくれないリフォーム会社が多いことがあります。

もちろん、この会社が持つ特長やサービスは他にもたくさんあるのですが、あえて「ひとつに絞った」ことに意味があります。また、「60分以内」と具体的に言い切っているところにも力強さを感じます。「スピーディーに対応します」といった、聞こえはいいが抽象的なキャッチコピーとは違います。

それでは、次のキャッチコピーを見てください。

## もう、スピーチ前にアガらない

これは、ある話し方教室のキャッチコピーです。「話し方教室」と言っても、なじみのない人にとっては、何を教えてくれるのかよくわかりません。というより、人によってそのイメージは千差万別です。「コミュニケーションのとり方を教えてくれるところだろう」と思う人もいれば、「いや、講演やプレゼンテーションがうまくなりたい人向けだ」と思う人もいます。

だから、いったい何の役立つのか、どんな人に適した教室なのかを明確にするべきです。

そのひとつの答えを示したのが、このキャッチコピーです。これなら、朝礼のスピーチがどうも苦手だという人や、結婚式のスピーチをよく頼まれる人にもピンときます。スピーチ前に緊張しない自分になれるという、具体的なメリットが提示されているからです。

では、もうひとつ例を挙げましょう。

## 風邪のひきはじめに飲んですぐ効く

医薬品は、薬事法で広告表現が規制されているため、キャッチコピーも慎重に作らなければなりません。しかし、かといって、「効き目が違う!」といったキャッチコピーはもう使い古されているし、何がどう違うのかよくわかりません。

そこで、このキャッチコピーです。もちろん、「すぐ効く」がポイントです。これぞ、多くの人が医薬品に求める具体的なメリットです。

また、「風邪のひきはじめに飲んで」という部分も見逃せません。誰しも、風邪をこじらせて苦しい思いをしたくないからです。

このように、とにかく具体的かつ明確に、読み手に提供できる「メリット」を伝えることが、キャッチコピーづくりの原則です。キャッチコピーを考えるときには、いかにインパクトを持たせるかということではなく、その商品のメリットは何なのか、ということからスタートしましょう。

02

# 取り組み容易性を訴求する

次の2つのキャッチコピーは、ある英会話学校が生徒集めのために作ったものです。

どちらが、より効果的だと思いますか？

**①英語が話せれば、世界はもっと身近になる**

**②週に30分のレッスンで、3ヶ月後には海外旅行に困らなくなる**

答えは②です。では、①と②では何が違うのでしょうか。

「①は抽象的だが、②は数字が入っていて具体的だ」

そのとおりです。①は使い古されたイメージコピーという感じで、この英会話学校が生徒に対してどんなメリットが提供できるのか、どんな特長があるのかがわかりません。

一方、②はこの英会話学校のセールスポイントが明確です。ここでレッスンを受けることによって、生徒は3ヶ月後には海外旅行で困らないくらいの英会話能力を身につけることができるというわけです。後者のほうが、お客様が得られるメリットがはっきりしています。

さらに言えば、②は「英語が話せればステキだけれども、話せるようになるまでには何年もかかる」という、多くの人が抱いている一般認識を打ち破ろうとしています。「たった週に30分で……」と思わせるところがミソなのです。

これを、「取り組み容易性を訴求する」と言います。「私でも、簡単にできそうだ」という印象を抱かせます。これは、多くの人が「難しい」「できない」と思っているようなことに対して使うと、非常に効果的です。それでは、少し練習をしてみましょう。

画面を見ながら体を動かすダイエット・エクササイズのＤＶＤがあります。そこで、この商品におすすめのキャッチコピーを付けて、ＰＯＰ（商品の宣伝をするための貼り紙）の形にしてみることにしました。

あなたなら、どんなキャッチコピーを作りますか？　「取り組み容易性を訴求する」ことを意識して、作ってみてください。

ここでまず考えたいことは、ダイエットに対して多くの人が抱いている「難しい」「できない」というイメージ、つまり敷居を高くしている一般認識です。

それはおそらく、「ガマンや努力を、長期間続けなければならない」「成功したように見えても、ちょっと油断するとリバウンドするから怖い」などといったことでしょう。

そこでキャッチコピーは、これらの一般認識を打ち破るものにします。つまり、「ガマンや努力を長期間続けなくてもよい」「リバウンドの心配が少ない」と訴えてダイエットの取り組み容易性を高めることによって、商品に対する興味を喚起するのです。

それでは、いくつかキャッチコピーの例を挙げてみましょう。

**③好きなものを好きなだけ食べていいから続けられる！**

**④1日たった5分だから、三日坊主の私にもできる！**

**⑤楽しすぎて、つらさを感じるヒマもない！**

それぞれ、焦点を当てる「一般認識」が異なります。
③は、ダイエット中は「好きなものが食べられない」「おなかいっぱい食べられない」という一般認識を覆して、取り組み容易性を高めるキャッチコピーです。
④のキャッチコピーが覆しているのは、「ダイエットにそれほど時間が割けない」「毎日長時間続けられるわけがない」という一般認識です。
そして⑤は、そもそも「ダイエットはつらいもの」という一般認識をひっくり返そうとしています。

このように、「簡単にできる」というメリットを軸に考えるだけで、かなり魅力的なキャッチコピーを作ることができます。

万人が難しい、できないと感じていることを逆手に取って目を引く。「取り組み容易性を訴求する」は、覚えておいて損のないキャッチコピーづくりのコツと言えるでしょう。

## 03

# 「このままでは損」と思わせる

### それでもまだ、今の保険を続けますか？

これは、生命保険の広告の中に見つけたキャッチコピーです。その意味深な投げかけに、「えっ、どういうこと？」と、続きを読みたくなる人は少なくないはずです。

「どの生命保険にするか、事前に自分なりに徹底的に調べた上で契約をした」そんな人は、このキャッチコピーには反応しないでしょう。

しかし、実際にはそんな人はあまりいません。「友人や会社にすすめられたから入ったので、保険の詳しい内容は覚えていない」という人のほうが多いのではないでしょうか。

このキャッチコピーは、そんな実態を鋭く突いたものです。

あまり深く考えずに契約した保険だけど、もしかすると、知らないうちにとても損をしているのでは……。読み手にそんな思いを抱かせるキャッチコピーなのです。

これは「『このままでは損』と思わせる」というテクニックです。「それでもあなたは（まだ）、……」からはじめるのが、このキャッチコピーのパターンです。

このようなキャッチコピーは、お客様にとってわかりにくい、あるいはお客様にとってなじみの薄い商品に向いています。もちろん、今までの常識を覆すような画期的な新商品を売り込みたい場合にも有効です。

例題をひとつ出しましょう。

外壁と屋根の塗り替えを手がける塗装屋が広告を出すことになりました。そこで、「『このままでは損』と思わせる」のテクニックを使って、キャッチコピーを作ってみてください。

外壁や屋根の塗り替えは10~20年サイクルと言われています。10~20年に一度しかしないものなので、お客様にとってはかなりなじみが薄い商品です。それだけに、どんな塗料があって、その機能の違いは何で、価格はいくらくらいなのか、よくわからないというお客様は少なくないはずです。

そこで、「『このままでは損』と思わせる」のテクニックが活きてくるのです。正確には、「知らずに塗り替えると損」ということでしょうか。

キャッチコピーづくりのコツとしては、「それでもあなたは（まだ）、……」の後の部分に、実際に損をしている（と思われる）お客様の例を挙げるようにすることです。

たとえば、塗装について無知であるばかりに、塗装屋に言われるままに塗装の内容や価格を受け入れてしまうお客様は多いと思われます。

これをキャッチコピー化すると、次のようになります。

**それでもあなたは、塗装屋の言いなりに塗り替えをしますか?**

同じように、塗装の専門家から見れば、不当に高いお金を払わされているお客様もいます。そこからキャッチコピーを考えると、次のようになります。

**それでもあなたはまだ、住まいの塗り替えに高いお金を払いますか?**

また、飛び込み営業をする訪問販売業者が多いのも、この商品の特徴です。なぜなら、外壁や屋根の様子は外からでもよくわかるからです。

「訪問販売業者=悪質」と決めつけるのはいけませんが、トラブルが頻発しているのも事実です。そこで、

**それでもあなたは、飛び込み業者とすぐ契約しますか?**

というキャッチコピーをつくり、そのような業者からシェアを奪うという作戦も考えられます。

損をしているお客様をイメージして、「それでもあなたは(まだ)、……」と問いかける。このセオリーを知っておけば、さまざまなキャッチコピーが作れるようになります。

あなたが取り扱う商品が、お客様にとってなじみが薄い、あるいはわかりにくい商品であれば、このテクニックを大いに活用してください。

04

# お得情報の前フリをする

ある関係先の仏壇店で、次のようなタイトルのチラシが当たりました。

**こんなお店をさがしてた！**

それまでの私は、仏壇や仏具などの「商品」を、オモテ面もウラ面もフルに使ってたくさん載せることが、仏壇店の当たるチラシづくりのセオリーだと考えていました。

しかしこのチラシは、オモテ面には商品をひとつも載せませんでした。オモテ面のスペースをすべて使って、自店がどんな仏壇店なのか、そのポリシーやサービス内容を細かく解説したのです。つまり、セオリーを逸脱したチラシを作ったわけです。

しかし結果は、その仏壇店にとって久しぶりの大ヒットとなりました。たくさんのお客様がそのチラシを見て来店し、仏壇を買ってくれたのです。

このことは、仏壇の購入を検討しているお客様が、商品情報だけでなく、店そのものの情報も求めていることを示しています。そしてこのキャッチコピーは、チラシを見るお客様の目を「お店情報」に誘導するのに、一役買ったのです。

「こんなお店をさがしてた！」と言われると、思わず「どんな店なんだろう？」と気になってしまいます。なぜかと言うと、このキャッチコピーには、その後に何らかの得をする情報が続くというニュアンスが込められているからです。

ここで大きな役割をはたしているのが、「こんな」という言葉です。

たとえば、これを「安心できるお店をさがしてた！」と変えてみると、一気につまらないキャッチコピーになってしまいます。それは、結論を先に言ってしまったことによって、「その先が知りたい」というお客様の関心が薄らいでしまうからです。

それでは、他のキャッチコピー例をいくつか挙げてみましょう。

**①どうしてそんなにキレイなお肌に⁉**

**②しまった！　その手があったか**

**③今まさに、こんな○○を待っていた！**

「そんな」「その」「こんな」というように、どれも「こそあど言葉」を使っていることがわかります。「こそあど言葉」は本来、前出の何かを指し示す言葉ですが、「前出」なしで突然使うことによって、「何だろう？」と興味を抱かせる効果があるのです。

ちなみに、③のキャッチコピーの冒頭に、「今まさに」という言葉があります。これは誇張表現の言葉として有効です。

# 05

# 「ラクしてトクする」を訴求する

## 太陽光発電なら、「ほっといても」お金がたまる

これは、太陽光発電システムを売る会社が、販売促進に使っているキャッチコピーです。「ほっといても」というところがポイントで、手間がかからない、楽ができるということを伝えています。そういう意味では、先述の「取り組み容易性を訴求する」に通じるところがあります。

このキャッチコピーは、「○○なら、『ほっといても』××」というパターンで応用がききます。

「ほっといても」の後には、お客様にとってのメリットを書きます。それも、普通は努力しなければ得られないような成果を書くのが望ましいでしょう。それが、「ほっといても」得られることが魅力なのですから。

たとえば、ある住宅設備機器メーカーが、「自動的に掃除する家庭用トイレ」を発売しました。これは、汚れのつきにくい新素材を使用しており、さらに、水を流すたびに洗浄液を

含んだ泡が便器を洗うという機能を備えたものです。主婦がトイレ掃除をする回数が、従来の4分の1から3分の1ですむ商品です。

これをキャッチコピー化すると、こうなります。

**このトイレなら、「ほっといても」お掃除完了**

**このトイレなら、「ほっといても」汚れ知らず**

さて、このキャッチコピーのパターンでは、「ほっといても」だけでなく、「〇〇しても」と別の言葉を入れることも可能です。

たとえば、

**この運動法なら、「どんなに食べても」締まったカラダに**

**この美容器具なら、「寝ているだけでも」美肌に近づく**

**この勉強法なら、「聞き流すだけでも」英語がわかるようになる**

などといったキャッチコピーが考えられます。

どれも、「〇〇しても」と、その後のメリットの部分の組み合わせに特徴があることがわかります。

普通、シェイプアップのためには食事制限がつきものだし、美肌を守るためにも多大な労力が必要です。また、英語をマスターしようと思えばネイティブの人と積極的に話したり、参考書で文法を学んだりしなければならないイメージがあります。

しかしこれらのキャッチコピーでは、「どんなに食べても」「寝ているだけでも」「聞き流すだけでも」ということで、そのような一般認識を覆しています。だから、見る人が「本当?」とひきつけられるのです。

「ラクしてトクする」を伝えるキーワードとして、「ほっといても」を覚えておいてください。

# 06 スピードを売りにする

スピード、つまり時間短縮は、あらゆる商品において魅力的な価値になります。ですから、その「スピード」に焦点を合わせたキャッチコピーは有効です。

**たった2時間で、「エクセル」を使いこなした私の方法**

これは、書籍やパソコン教室向けのキャッチコピーです。「エクセル」というのは、マイクロソフト社のパソコン用表計算ソフトのことで、パソコンを購入したときに標準搭載されているので、ご存知の方が多いと思います。

このソフトは、表に数字を入力していくと自動で計算をしてくれるので、ちょっとした図表を作ったり、家計簿をつけたりするときにとても便利です。

それだけでなく、「関数」というものを使えば、かなり高度な計算まで可能です。実は、「エクセルのすべての機能を使える人はいない」と言われるほど、このソフトを使いこなすのは難しいものなのです。

そこで、このキャッチコピーです。高度な機能をたくさん持つこのソフトを、たった2時間でマスターできる。できることのすごさとスピードの間にギャップがあるため、目を引くことができるのです。

このキャッチコピーは、「たった○○（時間）で、○○を○○した私の方法」という形でパターン化することができます。

**たった7日間で速読を身につけた私の方法**
**毎日たった15分で、主人も子供も大満足の料理を作る私の方法**
**たった10秒で、つらい眠気を吹き飛ばす私の1本**

右から、「速読術の書籍またはスクール」、「料理教室またはIHクッキングヒーターなど、スピードクッキングに役立つ調理器具」、「目覚まし用ドリンク」を売りたいときに使えるキャッチコピーです。

この他にも、スピードを売りにするキャッチコピーの表現法がいくつかあります。

**①1ヶ月後には英語のニュースが聞き取れるようになっていた**
**②3時間だけ時間をください。買い物から帰れば、ピカピカの住まい**

①は、英会話の教材または教室。②は、ハウスクリーニングのキャッチコピーです。

それぞれ、「○○後には、○○ができるようになっていた」「○○時間だけ時間をください……○○すれば、○○」という形でパターン化できます。

# 07 もう一品をおすすめする

ファーストフード店に行くと、よく「ご一緒にポテトもいかがですか？」などと、もう一品をすすめられることがあります。

このような「もう一品のおすすめ」を、サジェストと言います。ファーストフード店の中には、サジェストをマニュアルとして定めているところもあるようです。

先日も、昼食にハンバーガーを食べようとドライブスルーに入りました。そこであるセットを注文し、「以上で」と言ったところ、スピーカー越しに「今ならチキンナゲットが半額の100円ですが、ご一緒にいかがですか？」とすすめられました。注文したセットだけではおなかいっぱいにならないかも……と思っていたので、私は即座に「それもお願いします」と答えました。

店としては、サジェスト成功です。サジェストしなければ、私はナゲットを注文していなかったのですから、半額で利益率が下がるとはいえ、100円の売上アップに成功したのです。

サジェストのいいところは、コストがかからない売上アップ策であるということです。コスト0円ですから、どんどんやればいいと思うのですが、成功確率を高めようと思えば、今回の「今だけ半額」のような特典を付けたほうがいいでしょう。そのような特別なメリットを付けてあげれば、最初は買う気がなかった商品でも、つい買ってしまうということがあるのです。

さて、このようなサジェストの言葉は、キャッチコピーとして使えないものでしょうか。もちろん使えます。

一番簡単な応用例は、飲食店の「メニュー」の段階でサジェストしてしまうということです。

**今ならすべて50円引き！　おひとついかが？**

とタイトル付けしたコーナーを作って、そこにサイドメニューを並べるのです。もちろん、飲食店のメニューでなくても、美容室やエステ、マッサージ店など、サービス業のメニューでも応用可能です。メインメニューとは別に、「人気オプションメニュー」と題してコーナー化すればいいでしょう。

ＰＯＰや広告にも、このようなキャッチコピーを使うことができます。

**今だけおトク！　こちらもどうぞ**

## ついでに買うと、ますます便利
## 予備としてもう一品。いざというとき助かります

このように、いろいろなバリエーションが考えられますが、ポイントはやはり、もう一品プラスして買うことによって、何か特別なメリットがあると匂わせることでしょう。それは「安くなる」ことかもしれないし、「後々の面倒を避ける」「いざというときに予備があると助かる」「その一品を買うとメインの一品の性能が高まる」ということかもしれません。

それを伝えたほうが、来店の動機になるし、サジェストが成功する確率も高まるのです。

第2章

# 「好奇心」で誘い込むキャッチコピー

01

# 続きが気になるようにつなぐ

キャッチコピーの重要な役割に、「続きの文章を読みたいと思わせる」ものがあります。

キャッチコピーとは、「キャッチ」という言葉からもわかるように、「人の心をつかむ言葉」のことです。まずキャッチコピーで相手の心をつかんで、続きの文章につなぐのです。

これに関して、アメリカNo・1のセールス・ライターと呼ばれるジョセフ・シュガーマンは、次のような主旨のことを述べています。

「キャッチコピーの唯一の役割は、次のリード文を読ませることである。リード文の唯一の役割は、次のコピーを読ませることである。コピーの唯一の役割は、次のセンテンス（文）を読ませることである」

こうして読者に、あたかも滑り台を滑るかのように、一気に広告の最後まで読み切らせて購買行動に結びつけます。どのパートも、「次につなげる」、そのために存在するのだと言い切っているのです。

それでは、続きを読みたくなるようにするキャッチコピーの具体例をいくつか挙げてみましょう。

**しかし、それだけではありません**

**これで終わりではありません**

「こんなのは、まだ序の口だよ」と言われたら、これ以上、どんなすごいことがあるのだろう？　と気になります。それと同じような効果を持つのが、これらのキャッチコピーです。

**それではいよいよ、気になるタネ明かしをしましょう**

**お教えしましょう**

これらも、次につなげるのに有効なキャッチコピーです。「何か、びっくりするような答えがこの先にある」という印象を与えるので、相手はここで読むのをやめるわけにはいかなくなります。

**ここからが重要なポイントです**

**本当は、こういうことなのです**

これらも同様です。これから重要なこと、本当のことが出てきますよ、と言われたら、やはりそこで読むのをストップするわけにはいきません。どんなに長い文章の広告であっても、これらのキャッチコピーを次々にうまく活用すれば、一気に最後まで読ませることができる、というわけです。

## 02

# その先が気になるように途中で終わる

**私がピアノの前に座るとみんなが笑いました。でも弾きはじめると……！**

これは、アメリカの音楽学校の広告の見出しです。ご存知の方も多いでしょう。アメリカの広告業界で58年間にわたって活躍を続け、広告業界殿堂入りもはたした伝説的コピーライター、ジョン・ケープルズの代表作だからです。

このキャッチコピーは、今から80年以上も前に作られたものですが、今でも充分に通用する秀逸なものです。

ポイントは、すべてを言い切らずに途中で終わっていることです。これにより、読み手が想像を膨らませ、「それで、どうなったんだ?」と広告の続きに目をやることになります。

もしこのキャッチコピーが、次のようなものだったらどうでしょう。

「私がピアノの前に座るとみんなが笑いました。でも弾きはじめると笑いはすぐに消え、弾き終えるとそれは喝采に変わったのです！」

悪くないようにも見えますが、キャッチコピーとしての力は半減しています。物語が完結していて、肝心の「続きを読みたい」という気持ちが薄れてしまうからです。
同様の例として、次の、あるビジネス手帳の広告のために作ったキャッチコピーと比べてみてください。どちらがより効果的だと思いますか？

**①はじめは、たかが手帳と思っていました。でも使ってみると1ヶ月後には……！**

**②はじめは、たかが手帳と思っていました。でも使ってみると1ヶ月後には「仕事が速くなったな」と上司にほめられ、半年後には営業成績トップの座を射止めたのです！**

答えは、もちろん①です。②のように最後まで書き切ってしまうと、広告の中身に移る前にかえって興味が薄れます。あるいは、「そんなことあるわけがない」と不信に思う人がいるかもしれません。

次は、さまざまな資格取得を支援する通信教育のキャッチコピーです。

**僕が司法試験を受けると言ったとき、友人はみんな「おまえが？」と笑った。でも1年後、僕の胸に光るバッヂを見たとき……！**

**同僚が資格取得のため勉強していると聞いて、僕は鼻で笑った。だが彼の仕事ぶりを目の当たりにした僕は、思わず……！**

このように考えると、前半部分は、「小馬鹿にしている（されている）」感じを出すのがコツであることがわかります。そのほうが、「その後どうなったのか」が気になるからです。

## 03 チラッと見せて興味をそそる

新聞を読んでいるとき、つい週刊誌の広告に読み入ってしまうという方は多いことでしょう。「女優・○○との熱い夜。密会現場に現われたイケメン俳優」などというように、政治や芸能、スポーツに関するネタを、「チラッと見せて興味をそそる」一文にまとめています。

このテクニックは、キャッチコピーづくりでも大いに参考になります。

たとえば、住宅会社がよく開催する構造見学会。これは、建築途中でいったん手をとめて、住宅の構造をお客様に見てもらうというイベントです。一般の人は、普段はなかなか見られない住宅の内部構造が見られるし、会社にとっては商品の隠れた特長や信頼性をＰＲする絶好の機会となります。

それはさておき、普段はなかなか見られないものを見せるという主旨のイベントなので、集客は「チラ見せ」のキャッチコピーをうまく使えるかどうかがポイントです。

ある住宅会社は、自社住宅の構造上の特長を打ち出して、

**これはすごい！　「冬でもTシャツ1枚で過ごせる家」に隠された秘密**

というキャッチコピーをチラシに用いました。

「これはすごい！」で、何となくすごいことはわかる。「冬でもTシャツ1枚で過ごせる」のもすごい。でも、なぜなんだろう？　それは「秘密」。

いいところをチラチラッと見せておいて、でもタネ明かしまではしないのです。

もし、ここでタネ明かしをしてしまうと、つまり、冬でもTシャツ1枚で過ごせる理由を説明してしまうと、肝心の見学会に対する興味が失われてしまいます。キャッチコピーづくりの目的は、まず見学会に来てもらうことですから、「見学会に来たら、その秘密がわかる」というオチにしておかなければならないのです。

一方、住宅が完成してから行なう「完成見学会」のチラシに用いるキャッチコピーをいくつかご紹介しましょう。

**玄関をくぐると、オドロキの連続があなたをとりこに**

**いつでも間取りが変えられる、匠の裏技とは？**

**あなたも思わずうなる、窓がそのまま風景画**

やはり、どれも「興味は湧くけれど、見てみないとわからない」という微妙な表現をしているのがわかります。

特長やメリットは言うが、その理由や根拠には踏み込まずに隠すのがポイントです。

04

# 何がすごいのか興味を持たせる

## ホワイトデーもすごいんです！

これは、あるゴルフ練習場が掲げたキャッチコピーです。

実は、このゴルフ練習場では、毎月のようにキャンペーンやミニイベントを行なっています。最近では、「今月は、何をやっているのかな？」と、お客様が次のイベントを楽しみに来場してくれるようになりました。

単にゴルフの練習をする場所を提供するだけの練習場から、ちょっとしたレジャー性を備えた練習場へ。そうして、お客様の来場頻度を高める試みがうまくいっているのです。

2月には、バレンタインデー企画として、来場したお客様に女性スタッフが小さなチョコレートをプレゼントするイベントを行ないました。本当にちょっとしたことなのですが、これが思いのほか、練習に来る男性の心をつかみました。

そこで、3月にはホワイトデー企画として、抽選会をしようということになりました。しかし、「抽選会開催！」ではおもしろくない。そこで、このようなキャッチコピーを作ったのです。

このキャッチコピーが書かれたポスターが、施設内のいたるところに貼り出されているのですが、これを見たお客様は「何がすごいの？」と、女性スタッフに話しかけてきます。

その時点で、このキャッチコピーは役目をはたしたことになります。ホワイトデー企画に、お客様の関心を向けることができたからです。

「○○もすごいんです！」というシンプルな型ですから、いくらでも応用がききます。また、少し変形させて、「○○もビックリさせます！」という感じにしてもいいでしょう。

**今度の土日も、すごいんです！**

**3月10日は、すごいんです！**

**明日も、ビックリさせます！**

**私、こう見えても、……すごいんです！**

いずれも、セールやイベント告知のキャッチコピーとして使えます。

細かいことですが、「も」と「は」ではニュアンスが若干異なります。「今度の土日も、すごいんです！」と「今度の土日は、すごいんです！」を比べてみてください。「も」を使うほうが、「以前もすごかった」という意味合いが加わって、少し真実味が増すのです。

少し応用編になりますが、次ページのようなキャッチコピーも考えられます。

05

# 「なぜ、そんなことを言うんだ」と思わせる

## 相見積りは3社以上から取りましょう

これは、あるリフォーム会社が決まってチラシに使うキャッチコピーです。

お客様に相見積りしてほしいと思っているリフォーム会社は、皆無に近いでしょう。にもかかわらず、逆に3社以上から取りなさい、と言う。誰もが、「なぜ、そんなことを言うんだ」と思うはずです。

しかし同時に、「そこまで言うのなら、相当自信があるのだろう」とも感じられます。実際にこの会社は、大量販売を背景にした仕入コストダウンや自社職人の活用などにより、相見積りでは負けないくらいの価格競争力を持っているようです。ですから、相見積りになっても怖くないのでしょう。

一方、ライバル会社にとっては、このように言い切られると辛いものがあります。

お客様が、この言葉にしたがって相見積りを取ることへの対策を打つ必要があるからです。しかし、「相見積りを取ってはいけません」などと言えるはずはありません。

絶対の自信を持っている要素を思い切りよく打ち出して、競合他社にダメージを与える。これが、「なぜ、そんなことを言うんだ」と思わせるキャッチコピーの強みです。

これは過激なキャッチコピーなだけに、お客様の目を引く効果もあります。

「大量販売でコストダウン」「自社職人だから安くて丁寧な施工」などといった説明書きは、ともすれば読む人に退屈なイメージを与えますが、その前に「相見積りは3社以上から取りましょう」という投げかけをしておけば、その後の説明書きも最後まですんなり読んでもらえるのです。

**まだ、家を建ててはいけません！**

これも、「なぜ、そんなことを言うんだ」と思わせるキャッチコピーです。工務店が使います。

その真意は、「住宅展示場を巡って家を建てる会社を決めるのもいいけれど、住宅展示場を持っていない会社の中に、真剣にコストダウンを考えていて、腕のよい職人を抱えている会社がある。まずは、そんな会社のイベントに参加したり資料請求をして、じっくり検討してください」ということです。

奇策ではありますが、ホンネとは逆のことを言い切って、自社に目を向けさせる作戦なのです。

## 当店には、どうぞ最後にお越しください

これも、最初のキャッチコピーと同様で、「まずは当店に、とは言いません。最後に来ていただくことで、他店とは違うことがよくわかりますから」という意味合いを含んでいます。

このキャッチコピーは当然、小売店向きなのですが、特に耐久消費財や趣味品、つまりお客様が「買い回り」をする商品を扱う店が適しているでしょう。

# 06

# 常識を覆すことをにおわせる

もうひとつ、リフォーム会社が相見積りに言及するキャッチコピーをご紹介しましょう。

**相見積りは、一番安い会社を選ぶためにするのではありません**

リフォームに限らず、相見積りというのは普通、一番安い会社を選ぶためにするものです。そんな常識を、このキャッチコピーは真っ向から否定しています。これに面食らった読み手は、それが実は常識ではないのではないか？　という気持ちを抱きます。

そして、次のような一文を続けます。

**安い！　と喜んでいたお客様が、後でガックリ後悔するのを何度見てきたことか……**

よく考えると、いくら安くても、手抜き工事をされたり、後で「この部分の工事は見積りには入っていない」と言われて、トラブルの元になってしまっては元も子もありません。「こんなことになるのなら、少し高くても、きちんとした業者に頼むべきだった」と後悔する人が後を絶たないことを考えると、相見積りは「一番安い会社」を選ぶのではなく、自分にとって「一番よい会社」を選ぶためにするものと言えます。

これは、ライバルに対してそれほど価格競争力がないリフォーム会社、あるいは値引き作戦を仕掛けてくる競合他社が存在するリフォーム会社に有効なキャッチコピーです。

ただし、「相見積りは一番よい会社を選ぶために行ないましょう」とストレートな提案をぶつけてしまうと、インパクトがありません。まずは、常識を覆すメッセージからはじめるからこそ、お客様の関心を引くことができるのです。たとえば、

## 「硬いソファは疲れる」……それ、間違いです

硬いソファと柔らかいソファがあれば、柔らかいソファのほうが体が疲れにくいと思っている人のほうが多いはずです。

しかし、実際は違うようです。実は、柔らかいソファは体に無理な姿勢を強いることになり、かえって疲れやすいのです。一方、硬めのソファは、最初は座り心地が悪いように思えても、姿勢があまり崩れないため、長時間座っていても疲れにくいそうです。

もちろん、硬い・柔らかいと言ってもどれくらいのものかにもよるし、人によっても違いますから、一概には言えませんが、説得力のある話ではないかと思います。

よい商品なのに、「硬いから座り心地が悪そう」という理由で敬遠されがちなソファを売りたいときには、このように常識を覆すキャッチコピーを使うとよいでしょう。

07

# 「なぜなんだろう？」と気にさせる

近年ベストセラーになったビジネス書には、「なぜ、……か？」というタイトルのものが目につきます。

たとえば、『なぜ、エグゼクティブはゴルフをするのか？』『なぜ、社長のベンツは4ドアなのか？』『なぜ、「頑張っている人」ほど、うまくいかないのか？』など。どれも興味をそそる、うまいタイトルだと思います。

ただし、「なぜ、……か？」というパターンのキャッチコピーであれば、どんなものでもいいというわけではありません。

そもそも、「なぜ、……か？」というキャッチコピーが有効なのは、答えは何だろうと気にさせるからです。つまり、答えが知りたくなるような問いかけでなければ、反応は見込めないのです。

極端な例ですが、もし「なぜ、頑張っている人はうまくいくのか」というタイトルの本があっても、おそらく誰も手に取らないでしょう。「そんなの、当たり前じゃないか」で終わってしまうからです。

世間では、よく、「頑張ればうまくいく、だから頑張ろう」と言われます。でも現実は、頑張ってもうまくいかないことが多いもの。みんな、そう思っているはずです。

みんなが薄々感じている、世間でよく言われていることと現実とのギャップ。そこを突いているからこそ、「なぜ、『頑張っている人』ほど、うまくいかないのか」というタイトルの本が注目を浴びるわけです。

では、「なぜ、当社の○○（商品名）はこんなに売れているのか」というコピーはどうでしょうか。

このキャッチコピーも、あまりよくありません。見るからに、商品の宣伝だからです。

この商品が、誰もが知る注目度の高いものであれば、売れている理由が知りたいという人も出てくるでしょう。しかし、そうでなければ、普段から他社の商品を気にかけている人など、ほとんどいないはずです。そういう意味で、これは自己満足的なキャッチコピーなのです。

では、「なぜ、あの人は急に英語が話せるようになったのか」という英会話教材のキャッチコピーはどうでしょう。

これは悪くはありませんが、△です。たまたま知り合いにそういう人がいたら、「そういえば、○○さんも急に英語がうまくなっていたな……」と興味をそそられますが、そのような人はごく少数でしょう。

やはり、誰もが薄々感じていること、何となく疑問に思っていることを取りあげるのが、このタイプのキャッチコピーのセオリーです。したがって、たとえば次のようなもののほうが反応があります。

**なぜ、高価な英会話教材ほど役に立たないのか**

「なぜ、……か?」というパターンと同義の表現に、「……の理由」というものがあります。これを使って、このキャッチコピーを次のように言い換えてもよいでしょう。

**一大決心して買った英会話教材ほど長続きしない理由**

「それ、私のことだわ」と思った読者の方もいるかもしれませんね。

# 第3章

# 「感情」に強く訴えかけるキャッチコピー

## 01

# 第一印象を率直に言葉にする

ここまで、キャッチコピーづくりのポイントとして、「相手にとってのメリットを表現する」「続きが気になるようにする」ということを述べてきました。

もうひとつ、大事なポイントをご紹介しましょう。それは、「対象との『関係』を書く」ということです。

売りたい商品を眺めて、「この商品の特長は何だろう」「どのメリットを強く打ち出せばいいのだろう」などと考えてしまいますが、少し視点を変えてみていただきたいのです。商品そのものではなく、あくまで「使う人」や「自分」は、使い心地はどうなのか。使ってみてどう思ったのか。そういった「関係」を考えたほうが、よいキャッチコピーができます。

もう少しわかりやすく言いましょう。たとえば、その商品を使ってみての「第一印象」を、そのままキャッチコピーにしてみるのです。

例として、マッサージ店のキャッチコピーを考えてみましょう。マッサージを受けたお客様は、どんな第一印象を抱いたと言っていましたか。あるいは、もし自分がお客様としてマッサージを受けたら、どんな感想を持つでしょうか。

**①あ〜！　来てよかった**

**②みんなに教えたい！　この人は「神の手」を持つって……**

②はちょっと大げさかもしれませんが、この人にとっては、自分の中の常識を覆すくらい、気持ちのよいマッサージだったのでしょう。こんなキャッチコピーを見ると、「神の手」を体験してみたくて、行ってみようかと思います。

このように、お客様とその商品・サービスとの関係、とりわけ第一印象という視点で商品を見つめなおすと、キャッチコピーづくりに幅が生まれます。

**これ、おじいちゃんに着せたら似合うんじゃないかな**

これは、アパレル店のキャッチコピーの例です。

その商品を見た瞬間に、「おじいちゃんにプレゼントしよう」と思った。そんなお客様の第一印象を言葉にしただけのもので、見事に「商品と自分の関係」を描いています。

これは、商品そのものだけを見ていてもなかなか出てこないキャッチコピーです。「関係」を描いているからこそ、「敬老の日のギフト」のような、その商品の使い道の提案にもつながっているのです。

物や出来事をリアルに描写する力、つまり「描写力」を磨けば、キャッチコピーづくりにも幅が広がります。

# 五感に訴える

## 02

描写の基本は、五感に訴えることです。ご存知のとおり、五感とは「視覚」「聴覚」「嗅覚」「触覚」「味覚」のことで、これを意識すると豊かな表現ができます。

たとえば、りんごを売るためのキャッチコピーを考えることにしましょう。

私の経験では、八百屋などでは、あまり気のきいたキャッチコピーを目にすることはありません。せいぜい、「〇〇産」「みずみずしい」「おいしいよ！」などといったコメントが、プライスカードに書かれているくらいです。

そこで、五感に訴える表現を意識してみます。

**①吸い込まれるくらい真っ赤に熟れたりんごです！**

**②ほのかな甘～い香りが食欲をそそります！**

**③かじりついた瞬間、ジュワーッと口いっぱいに広がる果汁！**

①は視覚です。店頭のPOPに使うコメントを考える場合、視覚については「見ればわかる」ことなので、それをわざわざキャッチコピーにする必要性は薄いと言えます。

しかし、それでもキャッチコピーを作りたい場合はこのようになります。「真っ赤に熟れている」という見たままの情景を誇張するのです。「吸い込まれるくらい」の他には、「燦燦と輝く太陽のように」「ドキドキしてしまうくらい」などといった表現が考えられます。

②は、嗅覚です。思わず、クンクン香りをかいでしまいたくなるキャッチコピーです。

③は味覚です。りんごのような果物や食物は、味覚に訴えるのが王道と言えます。これを豊かに表現すれば、あたかも自分が食しているような疑似体験ができ、つい手が伸びてしまうのです。「食べている自分」を想像して、主観的なキャッチコピーを作りましょう。

**腹に響く重低音に、なぜか涙が溢れた。花火は、「音」なんだ……**

これは、聴覚を意識して表現した、ある花火大会のキャッチコピーです。この花火大会が他と違うのは、会場が広場や海辺ではなく競馬場であること。観客席には屋根がついているため、花火の音が反射するのです。

**昔飼っていたワンちゃんを思い出す。ずっと、なでていたい**

特殊な生地のタオル、バスマットに使うキャッチコピーです。もちろん、触覚ですね。

03

# ダイナミックな描写でリアルに伝える

「描写力」について、もうひとつ大事なことをお伝えします。それは、物事を「ダイナミック」に描写する力が、魅力的なキャッチコピーづくりに大いに役立つということです。

ところで、「ダイナミック」とはどういう意味でしょうか。その語感から、「大きな」という意味だと勘違いしている人もいますが、正しくは「動的な」という意味です。つまり、動きのある、動きを感じる、という意味です。反対語は「スタティック」（静的な）です。

それでは、クラシック音楽のCDを売り込む次の2つのキャッチコピーのうち、よりダイナミックな感じを受けるのはどちらでしょうか。

**①珠玉の名曲が、感動を呼ぶ！**

**②珠玉の名曲が、あなたの心を激しく揺さぶる！**

もちろん、②がダイナミックですね。「激しく揺さぶる」という表現に動きを感じる一方、「感動を呼ぶ」という表現には、「動」という文字が入っているにもかかわらず、さほど動きを感じません。読み手の印象に深く残るのは、②の表現なのです。

## 切り裂くような鋭いのど越しが、1日の疲れをほうむり去る！

これは、ビールのキャッチコピーです。「切り裂く」という刺激的な表現で、「キーン」という音が伝わってきそうです。「ほうむり去る」も過激な表現ですが、「解消する」「取り除く」などの表現より、よほどダイナミックです。疲れをポーンとどこかに投げ飛ばすようなイメージです。他には、「1日の疲れを吹き飛ばす」という表現も悪くありません。

## 静かでスムース。まるで氷の上を滑るよう

これは、整理タンスの引き出しのスライド機能をPRするために作ったキャッチコピーです。家具のような、ダイナミックさとは縁が薄いように感じる商品でも、「氷の上を滑るよう」という表現を使うと、いきいきとした感じが伝わります。

これらの例を見てもわかるように、ダイナミックな表現は、「動詞」の工夫によって生まれることが少なくありません。「動的」だけに「動詞」が重要で、特に動きを感じさせる動詞をうまく使えるか、がポイントです。

動きを感じさせる動詞は、他にも「震える」「駆け抜ける」「突き刺す」「舞う」「轟く」など、いくらでもあります。

自分の作ったキャッチコピーにどうも刺激が足りないように感じたら、動詞の工夫でダイナミックな表現を工夫してみてはいかがでしょうか。

# 04

# 喜怒哀楽を表現して感情を揺さぶる

オリンピックで、周囲からの期待を背負い、そのプレッシャーに負けずに見事金メダルをとった選手が、渾身のガッツポーズを見せる姿に感動した。

逆に、期待にこたえることができず、人目もはばからずに悔し涙を流す選手を見て、こちらも思わずもらい泣きしてしまった。

そんなことは、誰にでも一度や二度は経験があると思います。

何があっても動じない、顔色ひとつ変えないという人にも凄みを感じますが、やはり、人の心を揺さぶるのは、喜怒哀楽のストレートな表現と言えるでしょう。

ある酒販店が、喜怒哀楽を上手に表現したキャッチコピーで業績を伸ばしています。

その酒販店のチラシやホームページを見ると、次のようなキャッチコピーが踊っています。

**①杜氏最高傑作！　涙止まらず**

**②日本一「ありがとう」が詰まったお酒です！**

①のキャッチコピーのそばには、杜氏と思われる人が目頭を押さえている写真が添えられ

ていて、ひと目で「感動的なお酒」であることが伝わるようになっています。

それにしても、作った人が「涙が止まらない」ようなお酒とは、いったいどんな味がするのでしょうか。気になります。

②は「喜」を表現したキャッチコピーです。「のどごしがさわやか」「グッと重みのある味わい」などと、「味」を描写するキャッチコピーが多い中、「『ありがとう』が詰まった」という表現には関心が湧きます。

一方、「怒」をテーマにしたキャッチコピーを作ることもできます。

**「やりすぎだろう！」……社長が顔を真っ赤にして怒った値段です**

社長が顔を真っ赤にして怒るような値段とは、どれほど安いのでしょう。「安い！」「激安！」「特価！」などといった、使い古された言葉とは違った興味をかき立ててくれます。

カンカンに怒る社長と、その隣で冷や汗を流す社員。このキャッチコピーも、そんな写真やイラストとともに用いると効果的です。

ただし、「怒」は基本的にネガティブな感情なので、取り扱いには注意が必要です。このキャッチコピーのように、「『怒』なんだけれども、どこか笑える」という感覚が大事なのです。怒るだけで、読み手に苦い感情を与えるだけでは、いくら喜怒哀楽の表現が大事と言っても、逆効果になってしまいます。

05

# 感謝の気持ちをキャッチコピーにする

たとえば、あなたがタクシーの運転手だったとします。駅のロータリーで待つこと30分、やっとお客様が乗ってくれました。

ところが、告げられた行き先がおよそ2㎞先。歩いて行くには遠いのはわかるものの、こっちは30分も待ったのに、初乗り料金しかもらえない……。あなたはがっかりして、つい無愛想にしてしまいました。

そして目的地に到着。そのお客様は、降り際にこう言いました。

①こっちはお客だぞ。何だ、その失礼な態度は！

②歩くと遠いから助かりました。どうもありがとう。

さてあなたは、①と②、どちらを言われたほうが「反省」しますか？

そう問われると、多くの人が②を選ぶのではないでしょうか。

「○○しなさい」と命令されたら、かえって反発したくなるようなことでも、「ありがとう」と感謝されれば、その人のためにやってあげようという気持ちになります。

「感謝」には、相手の心を動かす力があるのです。

ですから、普段から心に抱いている、お客様への感謝の気持ちをキャッチコピーに表現してみてはどうでしょうか。

## お客様に励まされて20年、本当にありがとうございます

これは、ある通販会社の広告に使われたキャッチコピーです。このキャッチコピーには、実際にこれまでにお客様から届いた大量のアンケートはがきの写真が添えられていて、多くのお客様から支持を得ている会社であることがわかります。

さらに、社長がはがきを手にとっている写真付きで、「社長の○○です。頂戴したすべてのはがきを読ませていただいています」というキャッチコピーを添えると、より効果的です。お客様の声を、非常に大事にしている会社であることが伝わるからです。

## ○○様との出会いがなければ、今の私たちはありませんでした

このキャッチコピーにある「○○様」というのは、ある特定のお客様の名前です。初めて自社の商品を買ってくれたお客様かもしれないし、倒産寸前の苦しい時期に助けてくれたお客様かもしれません。

いずれにしても、何らかのストーリーが潜んでいることを匂わせます。当事者ではないのに、続きが知りたくなります。

## 06 ねぎらいの言葉をかける

私の関係先のリフォーム会社では、自社のショールームに来店したお客様に、必ずお茶やコーヒーなどのドリンクを出すようにしています。

そしてそのとき、「今日は暑い中、ありがとうございます」「雨で足元が悪い中、ようこそお越しいただきました」などと、お客様にねぎらいの言葉をかけるようにしています。

先述した「感謝」の言葉と言い換えてもいいでしょう。国語辞典を引くと、「ねぎらう」とは「苦労や骨折りに感謝し、いたわる」とあります。「現代では、同等または下の人に対して用いる」とも付記されているので、お客様に使うには適さない言葉かもしれませんが、ここでは「ねぎらいの言葉」としておきます。

話を戻しますが、みなさんが店で接客を受けたとき、ねぎらいの言葉をかけられることは、どのくらいあるでしょうか。おそらく、ほとんどないと思います。ちなみに、私もほとんどありません。

服を見に行っても、靴でも家電製品でも、「そちらの商品は……」と説明をされるだけです。親切に「サイズがなければおっしゃってくださいね」と声をかけてくれることもありますが、いずれにしても、「お客様、今日はありがとうございます」というひとことから接客に入ることは、ほとんどありません。

これは、私が担当している仏壇業界でも同じです。最初にかけてくる言葉はだいたい、「今日はお仏壇ですか?」「宗派は?」といった類いの質問です。

ところが、私の先輩がある仏壇店にお客様として行ったとき、「まだお若いのに、すばらしいですね。ご先祖様も喜んでおられるでしょう」とお茶を出されて、いたく感動したそうです。いたわりの言葉は、かける人もかけられる人も気持ちよくさせる、魔法の言葉なのです。

前置きが長くなりましたが、いたわりの言葉は、言葉として発するだけでなく、キャッチコピーとしてもどんどん使いたいものです。

何かセールを行なうとき、夏であれば広告に、

**暑い中、わざわざお越しいただきありがとうございます!**

という言葉を添えます。もちろん、広告を見ている段階では相手はまだ来店していないのですが、来店されたという前提で、先にねぎらうのです。

トイレに「いつもきれいに使っていただき、ありがとうございます」という張り紙がして

あることがありますが、あれと同じです。やはり、先にねぎらい・感謝の言葉を述べることで、相手は気持ちよくそれをしようという気になるのです。

**数ある店の中から、当店をお選びいただきありがとうございます**

**たくさんのチラシの中から、わざわざこのチラシに目を通していただき、ありがとうございます**

少し考えると、このようなバリエーションがいくらでも考えられるのです。

第4章

# 「想像」でその気にさせるキャッチコピー

## 01 想像をかき立てる

みなさんは、「デトックス」をご存知でしょうか。体内にたまった毒素を排出させる健康法のことで、そんな効果をうたう飲料やサプリメント、薬剤などが販売されています。なかには、デトックス効果を売りにした入浴剤もあります。ある商品につけられたキャッチコピーをご紹介しましょう。

**どっさり毒だし！　お肌ちゅるピカ**

体内の老廃物をはき出して、お肌もつるつるになる。このキャッチコピーは、そんな効果をコミカルに表現しているのが特徴です。

しかし、このキャッチコピーの本当のよさは、「想像をかき立てる」点にあります。

まず、「どっさり」という言葉は、体内の老廃物が大量にはき出される様子を想像させます。そして、「お肌ちゅるピカ」というフレーズは、みずみずしいお肌の様子を想像させるという意味で、「お肌つるつる」という表現よりも、はるかにリアリティがあります。

このように、短いキャッチコピーであるにもかかわらず、実に味わい深いのです。

考えてみると、このようなシーンは、写真や動画などの映像では伝えるのが難しいものです。むしろ、キャッチコピーという「言葉」のほうがイキイキとそのシーンを伝えることができるので、おもしろいでしょう。

それでは、実際にキャッチコピーづくりの練習をしてみましょう。次の2つの商品について、想像をかき立てるようなイキイキとした表現でキャッチコピーを作ってください。

①洋食屋のハンバーグ
②ベッド

まず①については、次のようなキャッチコピーが考えられます。

**肉汁ジュウジュウ、中身アツアツ**
**ほっぺにジュワ〜ッ！　と広がる肉汁**

ハンバーグがおいしそうに見えるさまといえば、したたる肉汁と湯気でしょう。右のキャッチコピーでは、「ジュウジュウ」という擬音語と「アツアツ」という言葉でそれを表現しています。

また、左のキャッチコピーでは、ハンバーグを口にほおばったときの感覚を表現しています。思わずヨダレが出てきそうです。

次に②ですが、ふかふかで寝心地のよいベッドを売り込むことにしましょう。次のようなキャッチコピーを作ることができます。

## バタンと身をあずければ、もう動けない夢心地
## 体の負担を極限まで減らすから、シーンと深い眠りの世界へ

右のキャッチコピーでは、やはり「バタン」という擬音語を用いています。疲れて、ベッドに倒れ込むイメージが湧きます。また、「横になる」ではなく「身をあずける」という言い回しにすることで、包み込むような快適な寝心地を表現しています。

左のキャッチコピーは、深い眠りを「シーン」と表現しています。深い眠りを擬音語で表わすのは難しいものですが、真っ暗闇と静寂を想像させる「シーン」が、やはり最も適しているでしょう。

もうお気づきだと思いますが、これらのキャッチコピーに共通するのは、擬音語を使っていることです。読み手の想像をかき立てるのに、擬音語は最も手軽で便利なツールです。

パチンコの出玉は、「たくさん出る」より「ジャンジャン出る」としたほうが臨場感が伝わるし、台所洗剤であれば、「すぐに汚れが落ちる」より「シャッと洗える」としたほうがスピード感が出ます。

みなさんも、擬音語をうまく使って、目の前にリアルな映像が思い浮かぶようなキャッチコピーを作ってください。お客様の心をギュッとつかんでパッと売るために……。

## 02

# 進化する前の自分を振り返る

「どうしたら、先輩みたいに仕事がバリバリこなせるようになるんですか？」
「いやいや、僕も入社当時はコピーすら満足にとれないくらい鈍くさいヤツだったんだよ」
「えーっ!? そんなこと想像できないです」
あるとき、昼食をとっていると、隣のテーブルにいたサラリーマンのグループから、こんな会話が聞こえてきました。

特に珍しい話ではありません。しかし、私はこれを聞いて、ピンとくるものがありました。「昔は、私も○○だった」という話には、なぜか興味を引かれるのです。

たとえば、仕事術に関する本を売るとします。そこで、「昔は、私も○○だった」という切り口を用いてキャッチコピーを作ると、次のようになります。

**コピーすら満足にできないダメ社員だった。この本に出会うまでは……**

このキャッチコピーを見た人は、「今はこの人は、どんなに『デキる』ビジネスマンなんだろう？」と思うでしょう。そうやって、「ダメ社員から、デキる社員になれる」ことを予感させている時点で、この本のセールスポイントを的確にPRできていると言えるのです。

「昔は私も○○だった」パターンのキャッチコピーづくりのポイントは、「○○」の部分を具体的に書くことです。次の例を見てください。


**1週間前の私は、まるでキーボードが打てなかった**

これは、タイピング習得ソフトのキャッチコピーです。しかし、実はこのキャッチコピーは、あまりよくありません。何が問題かというと、「○○」の部分、つまり「まるでキーボードが打てなかった」という描写が抽象的なので、ピンと来ないのです。

では、あなたならどのように直しますか？


**1週間前の私は、人差し指一本でキーボードを打っていた**

たとえば、このようにします。すると、タイピングが苦手な人は、自分自身と重ね合わせるのです。「人差し指一本って、自分と同じじゃないか」、と。そして、「今はこの人は、どれくらい速くキーボードが打てるのだろうか？」と思いをめぐらせるのです。

このように、進化する前の自分の状態を、「人差し指一本で……」とリアルに書くことによって、今、その状態にある人の気を引くことができると同時に、「（この商品を買えば）自分にもできるのかもしれない」という期待を抱かせることができるのです。

## 03

# かぎかっこを使って深い意味を予感させる

本書の第12章で、特定のキーワードを目立たせる手法についてご紹介しています。その手法には、「文字を大きくする」「フォントを変える」「傍点を付ける」「下線を引く」などがあるのですが、「かぎかっこを付ける」のも、そのひとつの方法です。

ただ、かぎかっこによる強調が他と違うのは、「意味深」なイメージが加わることなのです。つまり、かぎかっこには「深い意味を予感させる」という役割もあるのです。

これは、週刊誌の広告や目次によく使われている手法です。見出しのフレーズには、ことごとくかぎかっこが使われているはずです。

たとえば、ある週刊誌の目次に、次のような記事タイトルがありました。かぎかっこ付きのものと、そうでないのとを並べてみますので、受ける印象の違いを確かめてください。

**①団塊世代大量退職の現実と誤算**

**②団塊世代大量退職の「現実」と「誤算」**

②のほうが、現実・誤算という言葉が強調されているのは言うまでもありません。しかし

それだけでなく、かぎかっこを付けることによって、意味深な感じになり、「誰も知らないような事実が書かれているのではないだろうか」という印象が増していないでしょうか。

あるスイミングスクールは、こんなキャッチコピーで広告を出していました。

**「おぼれない技術」が学べるのは、○○スイミングスクールだけ！**

これも、「おぼれない技術」のところのかぎかっこをはずして比べてみるとわかりますが、かぎかっこ付きのほうが、何か体系化された技術指導が受けられそうな予感がします。自社の看板商品（サービス）を明確に打ち出した、よいキャッチコピーです。

商品に独自の名前をつけてかぎかっこでくくるというのも、ひとつのテクニックです。

たとえば、つくねが人気商品の焼鳥屋であれば、

**名物「完熟つくね」をぜひご賞味ください！**

というように、わざと一般的ではないネーミングにして、それをかぎかっこでくくって強調するのです。そうするとお客様は、「『完熟』ってどんな感じだろう」と、ためしに1本注文してくれることでしょう。

もちろんこのテクニックは、サービス業でも使えます。マッサージ店なら、

**こんな快感はじめて！「快眠もみ」であなたもトリコ**

となります。「『快眠もみ』ってなんだろう？」と、興味を持ってもらえるはずです。

## 04 疑似体験させる

小説でも映画でもテレビドラマでも、フィクションの世界だとわかっているのに、手に汗を握ったり、ドキドキすることがあります。これは、いつの間にかその登場人物になりきってしまう、つまり感情移入をしているからです。

広告でも、相手に感情移入させることができると効果的です。小説や映画のようにするのは難しいかもしれませんが、キャッチコピーの力である程度はできます。

それは、疑似体験をさせるということです。つまり、商品を使ったときの様子を、あたかも自分が本当に使っているかのように述べるのです。

一例を挙げましょう。掃除機のキャッチコピーです。

**スイッチを入れたのに、アレッ？　動かない……と思いきや、ちゃんと動いている。へぇ～、最近の掃除機はこんなに静かなんだ。なのに、ものすごい勢いでチリやホコリを吸い込んでいく。ギュンギュン、グイグイ吸い込む。何だろう、この気持ちよさは……**

キャッチコピーとしては長いのですが、読者に疑似体験をさせていることがわかるでしょうか。同じ内容を、疑似体験型ではないパターンで表現すると、次のようになります。

**驚くほど静かな動作音。それでいて、パワフルな吸引能力**

動作音が静かであるということと、ゴミを吸い込む能力が高いということをPRしているという点では、どちらも変わりありません。しかし、こうして比べてみると、前者のほうに心が引き込まれていきます。それは、感情移入をさせるような書き方をしているからです。ポイントは、あたかも自分が使っているかのように書くことです。前者はそうなっていますね。後者は、典型的な売り手の言葉です。

この、疑似体験をさせるキャッチコピーには応用テクニックがあります。それは、あたかも注文したかのように書くというものです。

**電話で注文したら、次の日にはもう届いた。早いなあ！　と感心しながら、梱包のダンボールをほどく。明日の朝の掃除が楽しみだ！**

このように、すでに注文をしたというストーリーを作り上げるのです。そうすると、注文するときの心理的障壁がなくなって、注文しやすくなるのです。

相手、つまりその商品を使うお客様になりきって、使用時体験的なキャッチコピーでその気にさせる。お客様の購買意欲を高めるには、もってこいの手法です。

# 05 ストーリーを仕立てる

**〇〇結婚相談所は、「誠意」がモットーです。相性診断からお見合い、ご成婚まで、マンツーマンの担当者制で、責任を持ってサポートいたします！**

とある結婚相談所のキャッチコピーです。結婚を前提のお付き合いをする相手を探したいと思っている人には、少し興味が湧く内容です。

しかし結婚相談所は、誰もが気軽に利用できるような場所ではありません。悩みに悩んで、意を決して結婚相談所の門を叩く、という人が多いのではないでしょうか。差しさわりのないキャッチコピーでは、勇気を出して「行ってみよう」とまではいかないのです。

そこで、もっと読み手の心を揺さぶり、引き込むようなキャッチコピーをつくります。そのときにおすすめなのが、「ストーリーを仕立てる」というテクニックです。

それでは、先ほどのキャッチコピーをストーリー仕立てにしてみましょう。

**「お前も行かないか」……すべてのはじまりは、友人からもらった1枚の招待状だった「結婚相談所のパーティー!? イヤだよ俺は……」。言葉とは裏腹に、何かを期待している**

## 自分がいた

この文章では、結婚相談所を敬遠する言葉を発しながら、内心は少し興味がある……という、お客の微妙な心理を表現しています。実際に、結婚相談所に足を踏み入れる前のお客様になりきって、物語をつくるのでます。

このコピーを読み終えて、その後、主人公がどうなるのか、気にならないでしょうか。

当然、この後の広告文に物語の続きを書き、最終的には「パーティーに参加する」「店舗（サロン）の見学をする」などのアクションを促します。広告スペースに限りがある場合は、「物語の続きは……無料小冊子で！」として、資料請求を促すこともできます。

要するに、ストーリーのはじまりで関心を引き、「最後まで知りたい」という欲求を利用して、広告の目的部分にまで誘導するのです。

このように、ストーリー仕立てのキャッチコピーを作るときに便利なフレーズは、「すべてのはじまりは、○○だった」です。

**すべてのはじまりは、彼女の何気ないひとことだった**

**突然届いた1通の手紙。すべては、そこからはじまった**

先の「招待状」もそうですが、「何気ないひとこと」「1通の手紙」の中身は何なのか？　それに対する興味からストーリーを展開していくのです。

# 06 仮定法で願望をあぶりだす

学校の英文法で、「仮定法」というものを習ったことを覚えているでしょうか。

If I were a bird, I would fly to you.（もし私が鳥だったら、あなたのところに飛んで行くのに）

I wish I had married the actress.（あの女優と結婚できたらなあ）

仮定法とは、現在の事実とは反対の仮定や想像、実現不可能な願望を表現する際に使う文法のことです。習った当初、「なぜ〝I〟なのに、〝was〟じゃなくて〝were〟を使うんだろう？」と不思議に思ったので、思い出したという方もいることでしょう。

もちろんここでは、仮定法の文法的な話をしたいわけではありません。事実ではないことを仮定するという表現方法自体が、キャッチコピーづくりのヒントになるということを言いたいのです。

たとえば、音楽教室の広告で使うキャッチコピー。昔、西田敏行さんが歌う「もしもピアノが弾けたなら」が流行しましたが、それをもじって、次のように作ります。

**もしもギターが弾けたなら、みんなの見る目が変わるのに**

何かのパーティーの席で、即興でギターを披露する。すると、みんなが「へー、○○さん、あんな特技があったんだ！」「かっこいい！」という視線を注いでくれる……。

そうして、みんなが見直してくれるシーンを想像して、その先の広告内容に目をやるのです。つまり仮定法キャッチコピーには、（実現不可能だと思っていた）願望がかなえられるかもしれないという期待を持たせ、広告に引き込む効果があるのです。

**①温泉の一軒宿で、愛する人としっとり過ごす。そんなドラマのような経験ができたら……**

**②面倒だった毎日の食器洗いが、一切必要なくなるとしたら……**

**③すっかり古くなったわが家が、まるで新築のように生まれ変わったら……**

①は旅行代理店や旅館の広告に使うキャッチコピーです。浴衣を着て、縁側から外の渓谷を眺める……。まさしくテレビドラマで見るようなシーンを想像してしまいます。「すばらしい景観に、おいしい料理……」などといった一般的なキャッチコピーよりは、行ってみたい気にさせられるのではないでしょうか。

②は食器洗い機のキャッチコピーです。「面倒な」ではなく「面倒だった」と過去形にしているのも隠れたポイントです。「面倒な……」だと、第三者が言っているような感じになりますが、「面倒だった……」とすると、当事者が言っているような感じが出せます。当然、

後者のほうがリアリティがあります。
③はリフォームのキャッチコピーです。建て替えをしなくても、今の建物を活かして全面的な改装をし、新築のような仕上がりにすることができます。「まるで新築当時のように、わが家をリフォームで一新しませんか?」という提案型のキャッチコピーとで、受ける印象の違いをたしかめてみてください。

# 第5章

# 「大衆心理」を突くキャッチコピー

## 01

# お客様に指示する

お客様に「指示」するとは、何とも失礼な言い方になってしまうのですが、その真意は、お客様に率直にお願いする、ということです。

身近なところでは、書籍のタイトルに、このテクニックを活用したものが多く見受けられます。ためしに、ネット書店で「なさい」と入力して書名検索してみると、末尾が『……（し）なさい』で終わるタイトルの本がずらりと出てきます。たとえば、『情報は1冊のノートにまとめなさい』『クルマは家電量販店で買え！』『営業マンは断ることを覚えなさい』などなど。これだけたくさんの書籍が出てくるということ自体が、このキャッチコピーが有効であることを示唆しています。

ではなぜ、このような指示型のキャッチコピーが有効なのでしょうか。それは、そこに自信が感じられるからです。「そこまで言い切るのなら、本当にそうなのだろう」という印象を与え、興味をひくのです。

ただ、実際に自社の広告に「……（し）なさい」というキャッチコピーを使うのには抵抗がある方も多いと思います。書籍のタイトルだからまだ許せるものの、広告でこれを使うと、お客様から「えらそうに」と反感を買う恐れがあるからです。私も、コンサルティング先の広告づくりのお手伝いをする際には、このようなキャッチコピーは使いません。

そこでおすすめしたいのが、語尾を「……（し）なさい」ではなく「……（して）ください」とするキャッチコピーです。

人は、「……（して）ください」と面と向かって頼まれると、なかなか断りにくいものです。このような微妙な心理効果を、キャッチコピーに応用するのです。

**買ってください**

「……（して）ください」というパターンのキャッチコピーの代表格が、です。これは一時期、家具店や紳士服店などの小売店のチラシタイトルとして多用されたキャッチコピーです。これ以上に率直なタイトルはありません。ただ、このキャッチコピーはかなり多く出回ったので、さすがに今ではマンネリ化してしまいました。

さて、すべての広告の目的は、商品を買ってもらうことにあります。そしてそのために、まずは店に来てもらうこと、あるいは電話をしてもらうことが必要です。

ここから、次のようなキャッチコピーが生まれます。

**ご来店ください**

**お電話ください**

より効果的なのは、前に「今すぐ」を付けたキャッチコピーです。

**今すぐご来店ください**

**今すぐお電話ください**

「今すぐ」の他に、「〇分以内に」「〇時までに」「〇日までに」といった言葉も使えます。「今すぐ……」というのは、後者はテレビショッピングで必ず聞くフレーズです。わずかな違いですが、このように、より具体的・限定的にしたほうが、お客様の心は動かされるようです。効果的だから、昔から変わらず使い続けられているのです。

ところで、コンサルタントとしていろいろな会社の広告を見ていると、この、お客様にしてほしいアクションを指示するというポイントが抜けているものが多いのに驚かされます。

特に「チラシ」は、即効性を求める広告媒体なので、このポイントを押さえることが欠かせません。にもかかわらず、「ご来店ください」「お電話ください」といったキャッチコピーが見当たらない。そればかりか、「来店してほしいのに、地図や営業時間、定休日が抜けている」「電話をしてほしいのに、電話番号が小さくて目立たない」というようなケースが多いのです。非常にもったいないと思います。

お客様にしてほしいことを、率直にキャッチコピーでお願いしてください。

## 02 錯覚させる

新聞や雑誌を読んでいると、記事だと思って読み進めていたものが、後で広告だとわかったという経験をした方はいないでしょうか。

新聞や雑誌を読むのは、基本的には記事を読むためであり、広告を見るためではありません。したがって多くの人は、よほど目を引かれたもの以外は、広告は飛ばして読むのではないでしょうか。

そこで、広告主と読者の戦いがはじまります。広告主は、何としても自社の広告に目を向けてもらいたい。しかし、読者は記事だけが読みたい。それならば、広告を記事風にして、「つい読んでしまった」というのを狙おう……というわけです。

これは、「錯覚」を狙った技術と言えます。露骨にすると読者の反感を買ってしまうため、加減が難しいところですが、「まずは目立つ」という広告の原則から見ても、知っておきたいテクニックのひとつとも言えます。

では、キャッチコピーにこの「錯覚」を応用するとどうなるでしょうか。

## お知らせ

「何だ、これは?」と思われた方も多いと思いますが、これは住宅の耐震強度の診断を受け付けるチラシのタイトルコピーです。この後には、「○月○日から○日にかけて、△△地区におきまして、耐震強度診断を受け付けますので、お知らせします。ご希望の方は、□□までご連絡ください」というような文章が続きます。

チラシといっても、先に述べた記事型広告と同じで、デザインはチラシ広告に見えないようにしています。一見、「回覧板」のような、文章だけの味気ないモノクロ版。そしてそのタイトルが「お知らせ」なのですから、何かの連絡かと思い、内容に目を通すのです。

これこそ、このコピーの狙いです。「広告」とわかった瞬間に捨てられることが多いので、何とか中身を見てもらうために思いついた錯覚作戦です。

錯覚を利用したキャッチコピーには、この他、広告の隅に新聞に似せて、「号外」や「○○新聞（○○には自社名や地域名を入れることが多い）」と書くパターンがあります。

これらを見てもわかるように、錯覚のキャッチコピーはキャッチコピーそのものに加えて、それをどう表現するかというデザイン的な要素も必要です。

最後にもう一度述べますが、やはりこれはあくまで奇襲作戦です。先述のように、加減を間違えると快く思わないお客様が出てくるので、注意して使いましょう。

## 03

# 厳格なイメージの言葉を使う

### 納得契約システム

これは、私の関係先のリフォーム会社が採用しているシステムです。何となく、安心できそうなイメージがありませんか。その説明は、次のとおりです。

「当社では、見積書を提示してきちんと説明を行ない、お客様にご納得いただいてから契約を交わす『納得契約システム』を採用しています」

ただ、この説明を読むと、「そんなの当たり前じゃないか」と思われるかもしれません。そうです。「お客様の納得を得た上で契約する」というのは、至極当然のことです。「納得契約システム」というのは、当たり前のことを、「システム」という言葉が持つ厳格なニュアンスを利用して、大げさに言うキャッチコピーだったのです。

では、別の例として、お客様へのアンケートはがきを挙げましょう。

自社の商品やサービスに対する満足度はどうだったか。おほめやお叱りの声はないか。それを知るためにしばしば使われるのが、アンケートはがきです。

しかし、一般的に、わざわざ意見や感想を書いてアンケートはがきを返してくれるお客様は、それほど多くはありません。

そこで、はがきを返してくれたお客様には粗品をプレゼントするなど、返信率を高める仕掛けを考えるわけですが、プレゼントなどしなくても、返信率を高める方法があります。

それは、はがきの宛先を次のようにすることです。

**○○株式会社　社長室行き**

実際に、社長室という部署があるかないかは問題ではなく、こうすることで、お客様の声が直接社長に届くことを暗に伝えるのです。

もちろん、社長室ではなく「代表取締役　○○○○行き」というように、社長の実名を宛先にしてもＯＫです。宛名面の空いているところに、「いただいたお声は、社長の○○が、すべてありがたく読ませていただきます」といった一文を添えておくと、なお効果的です。

こうして、このアンケートはがきが、重要視された厳格なものであることを表現するのです。すると、それに応えてくれるお客様が増えます。

このように、お客様に厳格なイメージを与えてアクションを促す言葉としては、他に次のようなものがあります。

**「○○センター」「○○委員会、協議会」「○○県民、市民」「○○制度」「○○会議」**

04

# 迫る購入時期を意識させる

## もうすぐ法事なのに、今のお仏壇がちょっと気になる、という方へ

これは、ある仏壇店がチラシタイトルとして用いたキャッチコピーです。「家族が亡くなったので仏壇は、購入のきっかけが比較的はっきりしている商品です。「法事で親戚が集まるので新しい仏壇が必要」「新築をしたので仏壇も新しく」「法事で親戚が集まるので新しい仏壇を」の3つが、仏壇購入の主な動機です。

このように、購入動機がはっきりしている商品は、そこに焦点を当ててキャッチコピーを作ると、お客様の心をつかむことができます。

このキャッチコピーでは、「法事」という購入動機にスポットを当てています。「今度の法事に親戚一同が集まるのだけれど、お仏壇が古すぎて、ちょっとみっともない……」。こうして、新しい仏壇に買い換えるお客様が多いのですが、その様子をそのままキャッチコピー化しているのです。

これは、「もうすぐ○○なのに、××がちょっと気になる」というようにパターン化でき

ます。先述のように購入動機がはっきりしている商品、そして購入時期がはっきりしている商品にも最適です。

**もうすぐ定年なのに、趣味がないのがちょっと気になる……**

これは、カルチャー教室などで使えるキャッチコピーです。定年退職を機に、習い事をしたりサークルに入って第二の人生を楽しもうというニーズがあることに焦点を当てています。

**もうすぐ娘の発表会。なのに、ちょっと気になるこのカメラ……**

これは、ピアノか何かの発表会での娘さんの晴れ姿を、カメラ（ビデオカメラ）にきれいに残しておきたいと願うお父さん・お母さんの心情を突いたキャッチコピーです。当然、高画質のカメラ（ビデオカメラ）への買い替えを促すものです。

最後にもうひとつ。

**もうすぐ台風シーズンなのに、屋根の傷みがちょっと気になる、という方へ**

雨漏りがしたり、バルコニーの屋根が吹き飛びそうになったことがある人なら、このようなキャッチコピーに反応するでしょう。

お客様になり代わって、「ちょっと気になる」と言い、迫り来る購入時期を意識させるのが、このキャッチコピーの役割と言えるでしょう。

# 05 悩みの打ち明けで興味を引く

「ちょっと悩んでいることがあるんだ……」

もし友人がそう言ったら、誰しも「何？　相談に乗るよ」と応じることでしょう。頼られて悪い気がする人はあまりいないものだし、そもそも他人の悩み事には誰しも興味があるものだからです。

このことは、キャッチコピーづくりにも活かすことができます。「悩み」で、読み手の興味を引くのです。

**山田さんは、「あること」で悩み続けていました……**

これを見ると、どんなことで悩んでいるのだろう？　と、続きが気になってしまいます。

「借金で首が回らなくなってきたのです。思い切って相談した友人に紹介された法律事務所。わらをもつかむ思いで駆け込んだのが、今では……」

法律事務所の広告であれば、このような展開になります。

「毎日毎日、薄くなっていく気がする髪の毛。まわりの視線が、自分の頭に向けられているようで……。そんな苦しい思いをしているときに知ったのが、〇〇でした」

かつら販売会社や育毛剤の広告であれば、このような展開になるでしょう。

このように、人々の悩みを解決する商品やサービスであれば、このキャッチコピーが使えます。

さらにいくつかのパターンをご紹介しましょう。

**①私の悩みを聞いてください**

**②人にはなかなか言えない悩みを抱えて15年……**

**③彼の悩みは、「〇〇」でした**

③のキャッチコピーですが、「〇〇」の部分は自社の商品に関連するものを当てはめてもいいし、わざと空白にしてもかまいません。

当てはめる型だと、「彼の悩みは、『薄毛』でした」となります。何が悩みなのかがわからないほうが興味を引くようにも思えますが、このように最初から悩みの中身を打ち明けるのも悪くありません。実際に薄毛で悩んでいる人は、このキャッチコピーに反応することでしょう。

ここで、「薄毛の悩みよ、サヨウナラ!」というキャッチコピーとの比較をしてみましょう。一見、同じことを言っているようにも思えますが、根本的に違います。「彼の悩みは、

『薄毛』でした」のキャッチコピーは、いったん、薄毛で悩んでいる人の立場に立っているのに対して、「薄毛の悩みよ、サヨウナラ！」は、あくまでかつらや育毛剤の売り手の立場で発する言葉です。

　この差は、思った以上に大きいものです。人は誰でも、「売り込まれる」のは嫌なものだからです。

　商品の売り込みから入るのではなく、悩める人の立場からスタートする。これが、悩みを打ち明ける型のキャッチコピーのよいところです。

## 06

# 嫌われたくない心理を利用する

「こんなコンサルタントは嫌われる！」

もし、私が書店でこんなタイトルの本を見つけたら、きっと手にとってみるでしょう。ネガティブな表現は、基本的にキャッチコピーには使わないほうが無難です。相手を不快にしたり、意欲をそいだりする可能性があるからです。

しかし、「嫌われる」という表現には、そんなデメリットを上回る、ドキッとさせるインパクトがあります。

なぜ、「嫌われる」という表現にはインパクトがあるのか。それは、程度の差こそあれ、人間なら誰しも他人に嫌われたくないという気持ちを持っているからです。「嫌われたくない」という気持ちが、「嫌われる」というキャッチコピーに反応するのです。

もうひとつあります。それは、誤解を覚悟で言うと、誰でも「誰かを嫌いたい」という気持ちがあるからです。週刊誌や芸能ニュースでは、いつも必ず誰か有名人をバッシングしています。それは芸能人であったり政治家であったり。「あの人のココが嫌い」とあらさがしをしては攻撃する。それに飽きたら、次の人に行く。その繰り返しです。
そんなマスコミへの批判の声もありますが、本質的には需要があるからそのようなビジネスが成り立っているのです。つまり、誰かを嫌いたい、攻撃したい。そうして自分を守る。これは、人間が持つ弱い部分かもしれません。
話がそれましたが、人は「嫌われる」という言葉に、「どれどれ、どんな奴が嫌われるのかな」と興味を持つ側面もあるということです。
このキャッチコピーは、「こんな○○は嫌われる！」というパターンで応用して使えます。

**こんなニオイが嫌われる！**

このキャッチコピーは、体臭を抑えるスプレーや、口臭を抑えるキャンディに使えます。
このキャッチコピーの後には、体臭や口臭の原因となる食べ物・行為を挙げ、それを予防・緩和する方法として、自社製品をＰＲします。

**こんな英語は嫌われる！**

これは、英会話教室や英会話教材に使えるキャッチコピーです。日本人にとっては何の問題もないように思えて、実はネイティブにとっては失礼な英語表現をいくつか紹介します。そこまで突っ込んで教えますよ、と自らの教室・教材の奥深さをＰＲするというわけです。

## 07 大義名分を意識させる

海外旅行に出かけたとき、ついおみやげを買いすぎてしまうという人は多いのではないでしょうか。帰国して財布の中をのぞいてみると、予算をはるかにオーバーしていて、「またやってしまった……」と自分にあきれてしまうのです。旅行でつい買い物をしすぎてしまうのには理由があります。まず、楽しい旅行の雰囲気で気持ちが高揚して財布の紐がゆるんでしまうからです。

そして、「せっかく海外に来たのだから」という大義名分が、買う気にさせるからです。人は何か日用品、必需品以外の商品を「買う」と決めるとき、「大義名分」を欲します。必ず要るものではない商品を買おうとしている自分を納得させようとする心理が働くからです。

その大義名分には、たとえば、

**①限定チャンス……「今買わなければ、なくなるかもしれないからなあ」**

**②他人の目……「今どき、これを持っていないのは恥ずかしいからなあ」**

**③骨折り損……「せっかくここまで来たのだからなあ」**

**④罪悪感……「店員が、ここまで熱心に説明してくれたのだからなあ」**

などがあります。この心理を巧みに利用したキャッチコピーが作れることは、言うまでもありません。

**①期間限定で特別に販売！　次回入荷は未定です**

**②「あの人、今どき……」まわりの視線が気になりませんか？**

**③せっかくのご足労を、決してムダにはいたしません！**

**④伊豆の新茶を取り寄せました、どうぞごゆっくり**

①はキャッチコピーの定番といえるくらい、ポピュラーなものです。「お急ぎください！」「明日まで2日間限定！」「早い者勝ち！」「先着100名様限り！」など、限定チャンスを訴えるキャッチコピーは、街にいくらでも溢れています。焦らせて買わせる作戦だとわかっていても、つい手が伸びてしまいます。

②は、ある程度普及が進んできた商品に使えます。気になるのは外見ですから、やはりファッションに関するものが最適でしょう。一例を挙げると、最近ではクールビズがはやりですから、ボタンダウンシャツやV字ネックインナーといったところでしょうか。

③は、「せっかくのご足労」とわざわざ言うのがポイントです。「せっかく来たんだし」と

いう感情を芽生えさせるための言葉です。

④は変則技です。罪悪感を感じるのは、店員が一所懸命説明してくれたり、おいしいお茶を何度も出してくれたり、持ちきれないくらいの来店粗品をもらったときなどです。そのうちのひとつ、「お茶」にスポットを当てたキャッチコピーです。このように書いたカードをテーブルの上に置いておいて、サッとお茶を出す。そうして一息ついてもらったら、こちらのペースです。

# 08

# わたしも！　と手を挙げさせる

ショッピングセンターの催事場で、ちょっとした人だかり。その会社が開発したという洗浄液に浸けると、黒ずんでいた10円玉がみるみるうちにピカピカになるではありませんか。

「これだけ強力な洗浄能力があるのですが、実は100％天然成分なんですよ！」

足を止める人々。片手に売り物の洗浄液を持ったスタッフが声を上げます。

**①試してみたい方はいませんか？**

**②他に試してみたい方はいませんか？**

自分の10円玉をピカピカにしてみないか、というわけです。

さてあなたなら、①と②、どちらで声かけされたほうが反応が高いと思いますか？

答えは②です。なぜかは、もうおわかりですね？

2つのキャッチコピーの唯一の違い、文頭の「他に」という言葉がポイントです。「他に」が暗に意味するのは、「すでに10円玉をピカピカにしてもらった他のお客がいる」ということ。つまり、「あなたが初めてでありませんよ」ということです。

私が小学生の頃は、先生が「この問題、わかる人？」と聞けば、みんな「ハイ！」「はい！」と競うように手を挙げたものです。しかし中学、高校になると、みんな恥ずかしがって、誰も真っ先に手を挙げようとはしなくなりました。それは大人になってからも同じで、日本では、「真っ先に手を挙げるのは恥ずかしい」という大衆心理が存在するからです。

ですから、「先の人」がいたほうが、手を挙げやすくなるのです。「他に」という言葉を付けると、それが暗に伝わるため、手が挙げやすいというわけです。

このように、「先の人」がいるように匂わせて、「わたしも！」と手を挙げさせるキャッチコピーは、見出しに「他に」という言葉を入れることからはじまります。

**他に、お肌が10歳若返る美容液のサンプルがほしい人はいませんか？**

**他にはもういませんか？　無料期間中に申し込んでおきたい方！**

基本的には、「他に……はいませんか？」というパターンになります。

たとえば後者のキャッチコピーには、次のようなサブコピーを付けると効果的です。

**①すでに1，028名のお客様が申し込みをされました**

**②お申し込みの無料期間は今月末日で終了いたします**

①で、「先の人」の存在を具体的な数字で伝え、②で焦らせるのです。単に「無料でお申し込みを受付中！」とするより、相手の心に迫ることができるでしょう。

# 第6章

# 「親近感」でピンとこさせるキャッチコピー

01

# 地元の方言を使う

JR岡山駅の新幹線ホームを歩いていると、ひときわ目立つ広告看板が現われました。その看板には、みずみずしいぶどうの写真を背景に、看板の枠いっぱいに迫力ある大きな筆書き文字で、次のようなキャッチコピーが書かれていました。

**まぁ、食べてみられぇ岡山のピオーネ**

ピオーネとはぶどうの一種で、岡山の名産品です。そう、これは観光客に岡山の名産品をPRする広告看板なのです。

「食べてみられぇ」とは岡山の方言で、「食べてみてください」という意味です。「岡山のピオーネを一度食べてみてください」ということなのですが、これをあえて方言にすることによって、地元の人が愛嬌たっぷりにすすめているさまをイメージさせています。それを筆書きで表現することによって、人間臭さを強調しているのです。

ちなみにこのキャッチコピーの前には、「ぼっけぇ大つぶ、甘くて種なし」というフレーズがついていました。「一度食べてみてください」とすすめる前に、そのぶどうの特長である「すごい大粒」「甘い」「種なし」を、「三連発技法」（第11章「三連発技法で豪快にたたみかける」を参照）で表現しています。「おみやげにちょっと買っていこうか」という気にさせる、うまいキャッチコピーです。

## ぶっさいくな梅干やな〜

これは、ある酒販店の売場で、「つぶれ梅」という食品のPOPに書かれていたキャッチコピーです。樽の底でつぶれてしまって形は悪いが、味はとてもおいしいという梅干です。あえて欠点をさらけ出すことで目を引く手法ですが、方言を使ってコミカルに伝えることによって、欠点が欠点らしくなくなるのです。

## どえりゃー売れとるだ！

これは名古屋弁で、「とても売れています」という意味です。

方言は、普段の会話の中で使うことはあっても、書き言葉として使うことはあまりありません。せいぜい、友人との携帯メールを方言で交わすくらいのものでしょう。それだけに、突如として方言の書き言葉に出くわすと、誰もが目を止めるのです。

また、地元の人が親近感を抱くというオマケもつきます。私は関西生まれの関西育ちですが、「とても売れています！」と「ごっつい売れてるで！」というキャッチコピーがあれば、後者のほうが親しみを感じます。方言キャッチコピーは、地元の人を味方につけるのです。

02

# 呼びかけ・問いかけで振り向かせる

コンサルタントが、クライアントに提供するサービスは多岐にわたります。

業績アップのためのアドバイスのみに止まらず、その場でチラシ等の広告の原稿を作ったり、社員に集まってもらって研修をしたり、ときには社長と一緒に銀行に足を運ぶことだってあります。

私は最近、ある電器店で、店内で常時流すアナウンスの文章づくりと録音を行ないました。

スーパーに行くと、売場に置かれたラジカセから、「いらっしゃいませ～、いらっしゃいませ。本日は活きのいいサンマがたいへんお買い得となっておりますよ～……」などと、録音された男の人の声がエンドレスで流れていると思います。これの、電器店版です。

このときは、ちょうど政府の「エコポイント制度」がスタートしたばかりでした。これは、省エネ家電を買えば、後でさまざまな商品やサービスに交換可能なエコポイントが政府から付与されるというものです。

当時、新聞やテレビのニュースで盛んに報じられていたものの、実際にはどんな制度なのかをよく知らないお客様が多かったので、店頭と店内でエコポイントのメリットをＰＲするアナウンスを流そうということになったのです。

私がアナウンスの内容を作る際に気をつけたのが、

**①伝えたいポイントは３つ以内に絞る（欲張ってあれもこれも伝えようとしても何も残らない）**

**②誰でもわかる簡単な言葉を使う（たとえば、「ポイントが付与される」は「ポイントがもらえる」に）**

ということだったのですが、もう一点。それは、

**③お客様が耳を傾けてもらえるよう、呼びかけや問いかけのフレーズを多用する**

ということでした。具体的には、

**ご主人、奥さま、ご存知でしたか？**

**あなたに、とっておきのニュースをお知らせしましょう！**

**そちらの、まだ地デジ対応していないお客様！**

など。対象となる人がそこにいて、その人に話しかけるというイメージで文章を作ったのです。

このようなキャッチコピーを散りばめて文章を完成させてマイクで録音。それを編集して、ＣＤに焼き付けて店頭で流してみると、思ったよりも多くのお客様が関心を示してくれました。

キャッチコピーだけに、まずはお客様の関心を「キャッチ」しなければならないのですが、そのためには対象となる人に直接呼びかけたり問いかけるのが有効です。

これは、音声だけでなく書き物でも同じです。広告やＰＯＰの読者と会話を楽しむような要領で作ってみてはいかがでしょうか。

## 03 家族の平凡な日常を描く

**女房が急に優しくなった。子供たちはダイニングに集まることが多くなった**

これは、システムキッチンを売り出すためのキャッチコピーです。あこがれのシステムキッチン。古くて使いにくかった流し台から、最新の明るく使いやすいシステムキッチンに変わって、心が躍っている奥さまの様子が伺えます。

一方、子供がよく集まるようになったというのは、ダイニングが明るく開放的になったからでしょうか。いずれにしても、幸せな家族の風景が読み取れるキャッチコピーです。

このキャッチコピーは、システムキッチンにリフォームすることによって、こんな平凡で幸せな暮らしを手に入れませんか、という提案になっているのです。

「家族」というのは、人々にとって最も大きな関心事のひとつです。ですから、その平凡な日常をリアルに描くことは、自然に人々の気を引きます。

**お母さん、ウキウキ。お父さん、シブシブ**

これは、女性が喜ぶ商品であれば幅広く使えるキャッチコピーです。または、年に何度か行なうバーゲンのキャッチコピーとしても使えます。奥さまが嬉々として何かを買おうとしているのを、渋々OKして財布を取り出しているご主人の姿が目に浮かびます。

「お父さん、シブシブ」というのは、買い物に対してネガティブな表現となっているので、これでいいのかと疑う意見もあるでしょう。しかし、かえってこのような「事例」をリアルに表現することによって、「ご主人は渋々だけど、結局買う」というケースを一般化しているのです。つまり、「そういう買い方は珍しいことではありませんよ」と訴えかけて、消費者の背中を押しているのです。

## 勉強しろ！　って言われなくても、机に向かうわが子

これは学習教材のキャッチコピーです。

自主的に勉強をするわが子を見て、うれしいと思わない親はいないでしょう。このキャッチコピーは、どんな親でも持っている、理想のわが子のイメージを描いています。そして、そんな理想に近づくための手段として、学習教材という商品を用意しているのです。

このように、まずは夢を見させるというアプローチのほうが、「子供の学力みるみるUP！」といったように単純にメリットをPRするよりも効果的なことがあります。

特に、「子供」や「家族」のように、人々が最も大事にしているものの場合は、理想の姿を提示した上で、商品のPRに入ったほうがよいでしょう。

# 04 ホンネ宣言をする

「実は……」

普段の会話の中でこう切り出されると、注意深く耳を傾けてしまいます。ですから、「実は」という言葉は、キャッチコピーとしても使えます。これについては、第10章の「『実は』『ところが』で関心を引く」で、詳しく説明します。

さて、「実は」という言葉には、「本当のところは」「ホンネを言えば」などといった意味が含まれています。つまり、「一般的には知られていない、あるいは、あなたは知らないと思うけれども、本当は……」というニュアンスが含まれているということです。

「誰も知らないここだけの秘密」「今まで決して語らなかった、○○のホンネ」といったキャッチコピーには、みんな弱いものです。つまり、真実やホンネがこの後に出てきますよというう含みを持たせれば、見る人の気を引くことができるということです。

ズバリ、次のような短いキャッチコピーを使ってみましょう。

**ホンネで話します**

## 本当のことを言います

このキャッチコピーが目に入った瞬間、「ホンネって何？」と、続きに目をやってしまわないでしょうか。

### 本当は教えたくなかった。でも、ラブコールが熱すぎて……

これも、いろいろな業種・商品で使えるキャッチコピーです。何か、「秘策」というものでも持っているのではないかという気にさせます。もちろん、本当にアッと驚くようなノウハウや情報がなければ、後でお客様をがっかりさせてしまいます。商品に意外性のある機能や特性が備わっていることが、このキャッチコピーを使うにあたっての条件です。

### ホンネで言います。この商品、やや難アリです

これは、キズものやハンパものを売りつくすときなどに使うキャッチコピーです。

理由もなく大幅に値下げされている商品を見ると、お客様は「何かあるのではないか」と警戒するものです。しかし、このように値下げしている理由をはっきり書くと、かえって安心、納得するため、購入につながりやすいのです。

このように、ネガティブな情報を、ポジティブに伝えて売りにつなげることができるというのも、このキャッチコピーの効能です。これについては次項、および第9章の「デメリットを正直に告白する」も参照してください。

## 05 つい本当のことを吐露する

自分がほしかった商品に60％や70％ＯＦＦといった大きな割引がなされていたり、その商品を買うとさまざまなオプション品が無料で付いてくるなど、とても有利な特典が付いていたら、あなたはどう思うでしょうか。

「やった！　かなり得をする」という気持ちの一方で、「なぜ、こんなに得なんだろう？」と、かえって不安に思う気持ちが半々なのではないでしょうか。

売り手としては、大きな特典を付けることによって、確実かつ大量に売ろうという思惑なのですが、その特典がかえってお客様を不安にさせて、買うのを躊躇させてしまうということもあるのです。

なかには、大量仕入れ・大量販売、あるいは流通経路の合理化といった企業努力により、大幅なコストダウンと低価格販売が可能になった、という店もあるでしょう。

しかし一方では、「売れると思って大量に仕入れたが、当てが外れた」「この色だけ人気がなくて残ってしまった」などといった、お客様にはあまり大きな声では言えない理由で特典を付けているケースもあることでしょう。

そのような理由こそ、可能な範囲でお客様に伝えていくことが重要です。それがネガティブな理由であっても、「私はこの商品が気に入ったわ」と思っているお客様であれば逆に納得し、得をしたという気持ちを強くして、買ってくれることになるのです。

**店長渾身の大量仕入れ！……でも、売れ残ってしまいました**

**この色だけ、ちょっと余っています……**

こんな具合に、ストレートに表現すればよいでしょう。

また、この類いのキャッチコピーは、売りつくしセールの際にも活用することができます。

広告の片隅に、「○○（店名）の売りつくしは、ナゼこんなに安いのか!?」と題したコーナーを設けます。そしてそこには、次のようなコメントを書いておくのです。

**①○月上旬にリニューアルオープンを予定しています**

**②そのときには、今ある商品と入れ替えで新商品をズラリと揃えたい！**

**③そこで、店内の在庫を一掃するために、とってもお安くしました！**

これで、売りつくしセールが本当に安いことが伝わりやすくなるのです。

# 06 中途半端な悩みに応える

## 病院に通うほどではないけれど……

私の関係先に、月替わりでゴルフセミナーを開催しているゴルフスクールがあります。「身体のコンディショニングができるレッスン」という特長を武器に業績を伸ばしているのですが、次のセミナーの開催にあたっては、「ちょっと気になる」マーケットを攻めることにしました。

これはどういうことかというと、「○○（する）ほどではないけれど……」という程度の、中途半端な悩みから生まれるマーケットのことです。

たとえばあるときには、「病院に通うほどではないけれど……『プチ』腰痛がみるみるよくなりゴルフが楽しくなる方法」と銘打ってセミナーを開催しました。すると、腰痛持ちの人を中心に、大勢のお客様が話を聴きに来てくれたのです。

それでは、なぜこのような「中途半端」な客層をターゲットにしたほうがいいのでしょうか。ここでは、3つの理由があります。まず、そのような人のほうが、絶対数が多いということです。

腰痛とひと言で言っても、その程度はさまざまです。「僕は腰が悪くてね」と言う人はたくさんいますが、定期的に通院までしているという人やヘルニアの手術をするかどうか迷っているという人は、それほど多くはないでしょう。

次に、人はマイナスの出来事を直視したくないという傾向があること。

たしかにここで、「プチ」を付けずに、「腰痛でお悩みの方!」というアプローチをするのも悪くはないでしょう。しかし人は、えてして自分の身に起こっているマイナスの出来事を認めたくないため、「たしかに腰はときどき痛いけど、悩んでいるというほどではないよ」と敬遠してしまうのです。

最後に、この商品(セミナー)は、腰痛を治す機能があるわけではないこと。

「腰痛がよくなる」と言っても、医学的手法で治すわけではありません。身体に負担をかけないスイングを身につけることで、少し腰痛がある人でも楽にゴルフができる。あるいは、ゴルフの後に腰痛が出る人は、その軽減が期待できるということです。

ですから、「プチ」を付けておかないと、誤解を招く可能性があるのです。特にこの例のように、医療や薬事の領域が関係する場合には注意が必要です。

このように、「○○ほどではないけれど」というパターンで中途半端な客層を狙うという手法は、いろいろな商品で活用できます。

**エステに通うほどではないけれど……**

**仕事が手に付かないほどではないけれど……**

**誰かに相談するほどではないけれど……**

みなさんが売りたい商品の特性に合わせて、これらのようなキャッチコピーを使い分けてください。

第7章

# 「数字」をフル活用するキャッチコピー

## 01

# 数字を使ってメリットを具体化する

第6章の「中途半端な悩みに応える」でゴルフセミナーの事例をご紹介したゴルフスクール。実は、このスクールは広告の改良で劇的に生徒数を増やしたのですが、その事例もご紹介しましょう。

このスクールは、チラシの折り込みや練習場施設内へのポスターの貼り出しで生徒募集をしていたのですが、なかなか思うように生徒数を増やすことができずにいました。その広告にはどんなことが書いてあったのかというと、「充実したコースレッスン　初心者でも安心してコースでプレーできます」「少人数制　きめこまかなレッスンができます」といった類の内容でした。

今から思えば、このようなキャッチコピーではお客様が増えないのは当たり前のことでした。このスクールの特長や、お客様が受けるメリットが漠然としていて、関心を引かないからです。

お客様が受けるメリットは、できるだけ具体的にしなければなりません。具体的に書いて、「それ、私のこと？」と振り向かせなければならないのです。
具体化するためのコツは、数字をうまく使うことです。このスクールの、「充実したコースレッスン」「少人数制」というキャッチコピーも、数字を使えば一気に具体的になります。

**ゴルフをはじめて1週間の私がラウンドできるコースレッスン**
**レッスン1回4人まで、心地よい緊張感でレッスンできる！**

しかし、これらのキャッチコピーには、このスクールの特長がまだ反映されていません。
このスクールの特長は、「技術指導」に「身体のコンディショニング」を組み合わせ、身体に無理なく上達したり、健康になって若返るといった付加価値がつくことにありました。
そこで、次の生徒募集のチラシは、タイトルに次のようなキャッチコピーを採用することにしました。

**10歳若返るゴルフスクール**

短いけれども、強烈なインパクトのあるタイトルです。実際には、「ゴルフがグングン上達して」というショルダーフレーズが付いているし、「飛距離が若返る！　身体が若返る！」「スイングが若返る！　気持ちも若返る！」というサブフレーズも付いています。しかし、このキャッチコピーだけで、充分にこのスクールで受けられるメリットが表現できていま
す。

このチラシによって、生徒数は爆発的に増え、1年後には、生徒数は約3倍にまでなりました。

もちろん、毎月開催するゴルフセミナーのタイトルにも、この考え方を取り入れています。ある月には、

**アンチエイジング・ゴルフセミナー　100歳まで元気にゴルフを楽しむ方法**

というセミナーを開催しました。「成長ホルモンをドンドン分泌させる賢いゴルフの仕方をお話しします！」……やはりこのセミナーも、満員御礼になりました。

# 02 細かい数字を使う

次の2つのキャッチコピーを見比べてみてください。

**Ⓐ9割の方が満足と答えています**

**Ⓑ大満足72％、満足21％、不満4％**

Ⓐは、よく見かけるタイプのキャッチコピーです。自社の商品やサービスに対する評価を表わすことで、お客様に安心感を与えたり、購入に向けて背中を押す効果があります。

Ⓑは、それをさらに一歩押し進めた表現です。ポイントは2つあります。

**①より細かい数字を使っている**

**②「満足」だけではなく、「不満」の数字も公表している**

まず①ですが、「9割の方が」と「93％の方々が」とでは、伝わり方が少し変わります。もちろん、数字を細かく出すほうが、信憑性が高まります。

私の関係先に、お客様アンケート調査の結果をホームページやチラシ等で公開している住宅会社があります。そこでは、満足度について具体的な数字を用いて明確に伝えているのはもちろん、その数字も「92・63％」などというように、小数第二位まで表わしています。

これは、もちろん本当の数字なのですが、あえて小数点以下まで出すことによって、「きちんと集計（計算）している」と伝えることができるのです。

次に、②も重要なポイントです。ふつう、このようなキャッチコピーを用いる場合、自分たちのよいところ、有利な点だけをＰＲするものです。

そのためのキャッチコピーであり、それは当然なのですが、だからこそ、あえて自分たちの欠点、不利な点も隠さず表わすことが、逆に信用を得ることにつながるのです。

ここでは、「不満」と答えたお客様のパーセンテージに触れています。この「4％」の不満の声があるからこそ、「72％」の大満足の声が引き立つとも言えます。

いずれにしても、このように数字を細かく示すキャッチコピーは、信憑性を高めるのに役立ちます。

**昨年度は8249人のお客様にご来場いただきました**
**発売1週間で、331件のお申し込みが殺到！**
**29名の一級建築士が在籍、設計力には自信があります**

このように、あなたの会社の強みを数字で具体的に表現してみてください。

# 03 中途半端な数字のお試しを提示する

次の2つは、健康食品のキャッチコピーです。あなたはどちらのほうが気になりますか？

**①まずは1週間、お試しください**
**②まずは9日間、お試しください**

こう聞くと、多くの人が②と答えます。

「まずは○○週間（日間）、お試しください」というキャッチコピーを使うのは、その期間で何らかの効果や変化が実感できる商品だからです。

その期間は、お客様にとっては短いほうがいいに決まっています。ですから、①のほうが魅力的かと思いきや、②のほうが気になります。これはどういうことでしょう。

それは、「9日間」という数字の中途半端さが原因です。

このような広告では、「1週間」や「10日間」、「1ヶ月間」などの切りのいい数字がよく使われるものです。それだけに、「9日間」というのはいかにも中途半端で、違和感があります。そして、つい「なぜ9日間？」と、思いをめぐらせてしまうわけです。

また、切りのよくない数字には、「何か理由や根拠がある」と思い込ませる力があります。

これは、人と待ち合わせをする際のコツにも通じます。よく、「9時に駅に来てくれ」という約束をしますが、これだと必ず5分程度遅れてくる人が出てきます。

そこで、「8時55分に集合」「9時5分に駅で」というように、わざと「きっかり」ではない時刻を指定するのです。すると不思議なことに、時間どおりに来る確率が高まります。

これは、相手に「5分早めている（遅くしている）ということは、何か理由があるからだろうな」と推測させるからです。8時55分と言われているのだから、9時ちょうどに行ってはいけない。9時ちょうどと言われれば、平気で5分遅れる人でも、8時55分と言われれば時間に神経質になってくれます。

お試し用のキャッチコピーも、これと同じです。あえて、切りのよくない数字を用いてお試しを提案することによって、お客様の気を引くことができるのです。

もちろん、数字は時間や期間を表わすものだけでなく、個数や回数でも使えます。

**③とにかく4回、使ってみてください**
**④12個お試しセットをプレゼント**

③のキャッチコピーは、「とにかく一度、使ってみてください」と比べてみるとどうでしょう。「4回」に、何か特別な意味があるのではないかと感じるはずです。

## 04

# 茶目っ気たっぷりに「2番」を名乗る

東京のとある駅前を歩いていると、こんなキャッチコピーを掲げた看板が目につきました。

**大阪で2番目においしいたこやき屋**

2番目？　何だ、1番じゃないのか……。でも、1番はどこだろう？　というか、2番目ってどうしてわかるんだ⁉　しかも、ここは東京なのに「大阪で2番目」なんて……。

そんなことを考えながら歩いてしまった時点で、私はこのキャッチコピーの罠（?）にまんまとはまっています。街中にさまざまな情報が氾濫し、そのほとんどが目にも止まらず、記憶にも残らない中で、私はそのたこやき屋のことを10秒でも考え、記憶に留めてしまったからです。

「2番目」という打ち出しが、このキャッチコピーのポイントであることは言うまでもありません。前項でも述べましたが、キャッチコピーでよく目にするのは、「1」「10」などの切りのいい数字です。あえてそれを裏切られると、ついつい気にしてしまうのです。

そういう意味では、「2番目」ではなく「3番目」でもOKでしょう。しかし「4番目」となると、プロ野球でいえばBクラス。肝心の「おいしい」に少し傷がついてしまうので、あまりおすすめできません。

また、はっきり言ってこのキャッチコピーは「シャレ」です。厳密に「2番目」かどうかは問題ではありません。ひょっとしたら、1番かもしれないし3番かもしれません。そもそも、「おいしさ」というのは主観的なものなので順位付けが不可能です。だからこそ、「2番目」と言い切っても問題にはならないのです。

これが、「店舗数」など客観的に計れるものだと、うかつに「2番目」などと言い切ることはできません。根拠がなければ虚偽広告になるからです。

また、「満足度」もダメ。「度」がつく以上、計測可能なわけですから、やはり何らかの根拠もないのに「満足度第2位」などと言ってしまうと、偽りになってしまいます。

もし仮に、計測可能なもので、実際に「2番目」だとしましょう。この場合、キャッチコピーに「〇〇で2番目」と反映させていいかどうかは、一考の必要があります。というのも、もし「1番」の店・会社と競合する場合は、敵に塩を送ることになってしまうからです。たとえば、渋谷にある店が「渋谷で2番目に安いたこやき屋」とうたってしまうと（「安い」＝「価格」は計測できる）、「じゃあ、1番はどこだろう？」と、1番店にもお客様が流れてしまうことになります。

ですから、このようなキャッチコピーは、「計測不能な要素について、茶目っ気を出して言い切る」という形で使うのがよいと言えます。

**東北で2番目に景色がいい旅館です**

**「東京で2番目に腕がいい」と言われる男がもみほぐします**

「景色のよさ」「腕のよさ」、いずれも計測不能な要素です。かつ、「1番が気になる」というよりは、「2番でも何かすごそうだから」と購買意欲をかき立てます。

## 05

# 「たったひとつ」で関心を引く

あなたは、次のキャッチコピーのうち、どちらに心をひかれますか?

**①しあわせをつかむために必要な、たったひとつのこと**

**②しあわせをつかむために必要な、10のポイント**

ほとんどの人が、①を選ぶのではないかと思います。

①と②の違いは、「たったひとつのこと」なのか、「10のポイント」なのかです。

人は、複雑なこと、難しいこと、面倒なことは避けたいと思うものです。逆に、第1章「取り組み容易性を訴求する」の項でも述べたように、シンプルなこと、簡単なこと、やさしいことには興味を引かれるものです。

①に魅力を感じるのは、「10」よりも「1」のほうがシンプルだからです。

なかには、「ポイントが10個も学べるからうれしい」という人がいるかもしれません。

しかし、大多数の人が「1」を選ぶのは、「要するに、何が一番大事なのかを教えて!」と思うからです。

しあわせをつかむにはいろいろな考え方や方法があることは、みんな暗黙のうちにわかっています。その中でも、特に大事な厳選されたポイントがわかる。そんなニュアンスを、①のキャッチコピーからは感じるのです。

このキャッチコピーは、「○○な、たったひとつのこと」「○○するための、たったひとつの○○」というパターンでさまざまに応用することができます。

**③笑いが絶えない家族がやっている、たったひとつのこと**

**④わが子が勉強好きになるために必要な、たったひとつのこと**

③は、バーベキューセットなどのアウトドア商品、住まいのリフォーム、照明器具などに使えるキャッチコピーです。つまり、家族のコミュニケーションを促す商品です。神棚、仏壇といった特殊な商品にも使えるでしょう。商品そのものの機能や性質を訴えるのではなく、その商品を使った結果どうなるのかを訴えているのです。

④は、学習教材や百科事典などに使えるキャッチコピーです。子供が進んで勉強するようにするには、自主性や好奇心を育むことが大事です。そこに留意して編集した教材、百科事典ですよ、という形で、広告文を展開していきます。

「大反響のキャッチコピーを作るために必要な、たったひとつのこと」

そんな本があれば、みなさんも飛びついているかもしれませんね。

# お金に換算する

06

車には、2年ごとの「車検」の他に、1年ごとの定期点検が法律で義務付けられていま す。しかし、これは車検と違い、点検・整備を受けた証明を求められるものではなく、また罰則もありません。あくまで、所有者の責任において点検しなさいということなので、なかなか徹底されていないのが実情のようです。

そのため、車の整備会社が「定期点検を受けましょう！」とPRしても、思うようにお客様は振り向いてくれません。もちろん有料ですから、なおさらです。

そこで、ただ「法定だから」と謳うのではなく、定期点検を受けるメリットである「安全」を前面に出します。しかし、「安全のために」というだけではほとんど伝わらないので、より突っ込んで、「事故を防止し命を救う」という視点で訴えます。さらに、それをセンセーショナルに伝えるために、「お金に換算する」というテクニックを使うのです。

定期点検の価格は、車の排気量によって異なりますが、概ね8000円から2万円弱というのが相場のようです。そこで、作ったキャッチコピーは次のようなものです。

## お子様の命は8000円の価値ですか?

まず、「あなた（自分）の命」ではなく、「子供の命」としているところがポイントです。自分の子供の命のためなら、いくら払ってもかまわないと思うのが普通だからです。

そして、お金への換算。自分の子供の命が8000円であるわけがありません。しかし、「非常識」と言われるくらいの問題提起をしなければ、多くの人が関心を持ってくれないのも事実です。

このように、普段はお金で買うものではないものを、あえてお金に換算することで興味を引くキャッチコピーがあります。いくつか挙げてみましょう。

**①ドロボーに入られて、100万円の損をしないための10万円の投資は高いでしょうか?**

**②2人で「あのときは楽しかった!」といつまでも語り合える幸せは、2万円の価値もないでしょうか?**

**③「あの資料はどこに行った?」と探す時間をお金に換算すれば、いったいいくらになるのだろう**

①は、「安全・安心」をお金に換算する、防犯器具・防犯設備のキャッチコピーです。空き巣に入られたら、必ず100万円の被害を受けるというわけではないのですが、10万円の商品を高く見せないためのひとつのテクニックです。

②は「思い出」をお金に換算する、イベント（結婚式の企画、ナイトクルーズ等）のキャッチコピーです。ただし、このようなロマンティックな商品に、このようなキャッチコピーを大々的に使ってしまうと、かえって品がないと思われるので、サブ的な使い方のほうが無難です。

③は「時間」をお金に換算する、収納・整理用品のキャッチコピーです。はっきりと金額を書いているわけではありませんが、つい「時給が○○円としたら……」と計算してしまいます。

# 第8章

# 「安心感」で納得させるキャッチコピー

## 01

# お客様の声をそのまま使う

あるリフォーム会社が、お客様の声をたくさん集めて紹介するチラシづくりにチャレンジしました。

出来上がったチラシは、お客様の直筆のメッセージと、一緒に撮った記念写真がずらり20種類以上も並び、かなり迫力のあるものになったのですが、その「お客様の声」をひとつひとつ見ていくと、これがなかなかおもしろいものでした。

たとえば、あるお客様は、

**年金生活なので迷いました、決断までは。でも、結果は二重丸。いや三重丸でした！**

と言ってくれています。つまり、「すでに年金生活に入っており、経済面で少し不安がある中でのリフォームだったが、リーズナブルで、かつすばらしい施工をしてもらい、たいへん満足です」ということです。

それにしても、「年金生活」というのはいかにもリアルです。このような言葉や切り口は、お客様本人からしか、なかなか出てきません。

また、「結果は二重丸。いや三重丸でした！」というのは、コピーライター顔負けの、魅力的な言い回しです。

このように、お客様のナマの声はリアルで斬新です。優れたキャッチコピーとして、すぐにそのまま使えることも少なくないのです。

ですから、アンケートなどでお客様の声を聞くというのはあらゆる意味で有用だと言えるし、普段、お客様と話すときも、その会話の中に、今後使える珠玉のキャッチコピーがまぎれ込んでいるかもしれません。よく聞いたほうがいいでしょう。

かくいう私も、自分が主宰している「仏壇店売上アップ実践研究会」（全国の仏壇店経営者が定期的に集まって行なう勉強会）の会員と話をしているときに、その方がこんなことを言ってくれました。

**こんなことは聞けないだろうと思っていたことが、本当にナマで聞けるんです！**

その方の本業は墓石店で、このたび仏壇の販売にも乗り出そうと決めたのですが、仕入れの仕方や売り方など、わからないことだらけでした。そこで、この研究会に入って勉強することにしたのです。

すると、この会は一方通行的なセミナーではなく、聞きたいことが自由に質問できる、そして、コンサルタントや他の会員（もちろん仏壇店経営者）が具体的な回答をしてくれる場であること。こんなに、聞きたいことが自由に聞ける場があったのか、とびっくりしたということを話してくれました。

この言葉は、その方の実感のこもった、心に響く言葉だと思ったので、私はこの研究会のＰＲ用パンフレットに、そのままキャッチコピーとして使わせてもらっています。

お客様の声は、キャッチコピー、あるいはそのヒントの宝庫なのです。

## 02

# 顔見せして歓迎の言葉を述べる

食品スーパーやコンビニなど、毎日のように行く店は別にして、初めての店に行くときや、初めてその会社に電話で問い合わせをするときは、少し緊張するものです。新しい店を開拓するのが大好きな人もいますが、なじみの店に行くのはいいけれど新しい店に入るのは苦手……という人も少なくありません。

ですから、新規客を集めようと思えば、極力お客様の不安感や緊張を取り除いてあげることです。気軽に来てもらえる、電話をしてもらえるようにすることが大事です。

そこで使えるのが、次のキャッチコピーです。

**わたくし○○が、みなさまのお越しを心よりお待ちしております!**

自店の地図の近くに、このキャッチコピーとスタッフの顔写真を載せるのです。ポイントは、スタッフの名前(と顔)を明かすことでしょう。上記のキャッチコピーは、そのスタッフが読み手に呼びかけているような形で用いるのです。

このような呼びかけ型のキャッチコピーがあるかないかで、お客様の来店のしやすさは格段に変わります。「お客様を大事にしている」「お客様を心から歓迎している」という気持ちや姿勢を、このようなキャッチコピーできちんと伝えたほうがよいのです。

先日、このことを改めて感じました。会社からの帰り道に、ふと雀荘の看板を見たのですが、そこには「一見さん歓迎」と書いてありました。

しかし、毛筆体で書かれたそのキャッチコピーを見て、初めての人が「それなら入ってみよう」と思うでしょうか。そのそっけない書き方は、むしろ常連だらけで入りにくいというイメージを与えてしまうと思ったのです。もし、この看板に、

**私店長の○○が、初めてのお客様との出会いを楽しみに待っています！**

と、店長の似顔絵付きで書かれていたらどうでしょうか。ずいぶん入りやすいはずです。

ここでもやはり、スタッフの名前と顔を明かすのが効果的でしょう。

さて、来店ではなく電話を受けるビジネスの場合も、このキャッチコピーが応用できます。

**コールセンター担当○○です。「声の笑顔」で明るく丁寧に対応いたします！**

やはり、基本は同じです。来店とは違って顔が見えないからこそ、積極的にスタッフの顔見せをすべきなのです。

お客様が初めての店に対して抱く不安と緊張を、このようなキャッチコピーで拭い去ってあげましょう。

03

# 「0円」「無料」を強調する

ある新築マンションのチラシに、次のようなキャッチコピーが並んでいました。

**今こそ、ご購入のチャンス！　諸費用0円、引越し費用0円、頭金0円**

諸費用0円とは、家具や照明器具、エアコン、カーテンが付いた部屋がある、ということです。また引越し費用0円とは、自宅を売却して住み替えたい場合、この会社が自宅を買い取るサービスがあることです。そして頭金0円とは、文字どおり頭金なしでも購入可能であることが、書かれていました。

いずれも、同社指定銀行のローン利用が条件であることなど制約があるので、実際にはこれが適用されないケースも多いとは思われますが、このように「0円」が並ぶと、とてもお得な印象を与えることができます。

私も、関係先の住宅会社やリフォーム会社のチラシの作成をお手伝いするときには、次のようなキャッチコピーを用います。

**ご来場無料！　ご相談無料！　お見積無料！**

この他にも、「（展示している商品の）体験無料！」「抽選無料！」「ドリンク無料！」など、特にイベントのチラシの場合には、無料の表記をこれでもか、というほど散りばめます。

このように、「無料」の文字が必ず目に飛び込んでくるようにすることで敷居を低くして、来店・来場を促しているのです。

しかし、先の「0円」とこの「無料」とは、微妙な意味合いの違いがあります。

「0円」は、本来であれば有料（価格が付いている）であるはずのものが、タダであるという場合に適した表現です。

マンションであれば、諸費用や引越し費用、頭金は必ずといっていいほどかかるものですが、これが「タダ」になる。だから0円表記です。これが、「諸費用無料」や「頭金無料」というと、ちょっとピンとこないのではないでしょうか。

一方「無料」は、本来でもタダの場合も多いという場合に適しています。

リフォームイベントへの来場は当然タダでしょうし、相談も見積りも有料というのは稀なケースです。「来場0円」「相談0円」は、何か変な感じがしませんか？

つまり、タダで当たり前のことを、あえてタダだと強調して敷居を低くする目的の場合には、「無料」のほうがしっくりくるのです。

# 04 つきまとわないことを明言する

ある化粧品通販会社が、テレビＣＭで「商品に自信があるから、お電話は一切いたしません」ということを明言していました。これはインパクトのあるキャッチコピーであり、試供品の申し込み数を押し上げるのに役立っていると思います。

私の関係先がイベントをする際も、次のようなキャッチコピーを活用しています。

**当社では、しつこい後追い営業は一切しません**

**スタッフが、お客様の許可なく訪問することはありません**

しつこい後追い営業をしないと言っても、それは他社との差別化にはならないのではないかと思う方もいるでしょう。あるいは、「後追い営業というネガティブな言葉を出してしまうと、かえってお客様がそれを意識してしまうのでは？」という意見もあると思います。

しかし、私がこれまで見てきた限りでは、このようなキャッチコピーはプラスに働きます。つまり安心感を与え、集客に寄与するのです。

たしかに、「しつこい後追い営業は一切しません」と宣言している会社が、それを破ってしつこい後追い営業をすることは、ちょっと考えにくいことです。「社員の後追い営業を容認している会社は、『うそつき』『虚偽広告』と責められるリスクを犯してまで、わざわざこんなことを書かないはず」と思うでしょう。

ですから、たとえ当たり前であっても、堂々と宣言したほうが、安心できていいのです。

これと似たもので、支払いや購入の義務がないことを明言するコピーがあります。

## 購入の義務は一切ありません

## 1円でもお支払いいただく必要はありません

「店に来たら、何かを買わなくてはならない」「資料やサンプルを請求したら、何かを買わなければならない」などということはあり得ません。

ですから、「購入の義務は一切ありません」などというのは、ごく当たり前のことです。

しかし、それをあえて言い切ることで、安心感を与えることができるのです。

また、購入の前に何らかの無料サービスを行なっている店・会社は、サービスがどこまで無料なのかをはっきり伝えたほうがよいでしょう。

「見積りは何度でも無料です」なのか、「初回見積りは無料です」なのか。もし後者であれば、「見積りをじっくりご検討ください。必ず契約しなければならないということはありませんし、見積りで費用が発生することは一切ありません」と書き添えるといいでしょう。

05

# チェックリストで不安心理を突く

## あなたは、いくつ×がつく？

このキャッチコピーの後には、いくつかの質問項目が並びます。

そこで「×」が付いた数に応じて、「問題ありません、この調子で！」「標準レベルです、油断は禁物」「黄信号です、気をつけましょう」などといったコメントが用意されています。

これは、人間の不安心理にスルリと入り込む広告手法です。実際にチェックをしてみて、「このままではマズイんじゃないか」という気にさせ、それを解決する自社商品へと誘導する。そういう流れを狙っています。

ですから、「健康」「美容」「学習」「金融」など、人が本能的に不安を持ちやすい業種や商品に、このキャッチコピーは適しています。

少し違ったパターンのキャッチコピーを挙げてみましょう。

**①3つ以上、○が付いたらご用心！**

**②あなたの大事な資産を守るための、5つの質問**

## ③82％の人が全問正解。でも18％の人は……

①は、「ご用心！」という言葉を使うことによって、不安心理により深く訴えかけています。また、「3つ以上」という具体的な数字を出すことによって、読む人に「自分はいくつ付くんだろう」という当事者意識を持たせることを狙っています。

②は、金融商品や保険商品に使えるキャッチコピーです。「5つの質問」とありますが、質問やチェックリストは、あまりにも数が多すぎると負担になって敬遠されますので、3つから5つ程度がよいでしょう。それ以上になると、答えるのが面倒になります。

③は、これら3つの中でも異色のキャッチコピーです。ここではあえて、「82％の人が全問正解」と明かしています。つまり、ほとんどの人が問題ないですよ、というサインです。しかし、そう言われると逆に不安になるのが人間の心理です。自分が、残り18％の「問題あり」だったらどうしよう……と思うのです。

たとえば、日常生活におけるマナー。冠婚葬祭時などにおけるエチケットやマナーをクイズ形式にします。8割超の人が満点になるような簡単なクイズですが、逆に1問でも間違えた人は、「いつか恥をかいてしまうのでは」と不安になるものです。マナーについてまとめた本や、カルチャー教室などに使えるキャッチコピーです。

# 06 足りないものはないか、確認を促す

お盆が近くなると、仏壇店のチラシを目にするようになります。お盆で親族が集まるのをきっかけに、仏壇を買い替えるという需要が発生するからです。また、仏壇に供える仏具や墓参り用品などの小物も大いに売れる時期なのです。

さて、この時期に打つ広告に使えるのが、次のキャッチコピーです。

**お盆の準備は大丈夫ですか？　足りないものはありませんか？**

「お盆に備えて、○○を揃えましょう」と訴えるのではなく、「足りないものはありませんか？」と確認を促すのです。

道でティッシュやビラを配りながら、「○○はいかがですか」「○○をお願いします」と声をかけてくるスタッフがいます。しかし、うまくしないと、ススッと近づいて声をかけようと思ったら、相手もススッと避けるように去ってしまい、ビラを差し出すことすらできない。そんな光景をよく見かけます。

それは、最初からスタンスが「売り込み」になっているからです。売り込もうとすればす

るほど、お客様はこちらの意に反して逃げていってしまいます。

そこで、スタンスを「情報提供」にします。ビラを渡そうとするのではなく、見えやすいように上に掲げて、「○○は大丈夫ですか」「足りないものはございませんか」「○○はもうおすみですか」と声を上げるのです。そうすると、お客様自らそのビラがほしいと求めてきます。自分にとって役に立つ情報がもらえると思うからです。

このキャッチコピーも、「お盆に困らないようにするための情報ですよ」というスタンスをとっています。ですから広告の中身は、お盆に必要な仏具や小物の一覧です。それを見てお客様が、「これが足りないわ」「壊れているわ」と、買いに来てくれるということです。

このキャッチコピーは、仏壇仏具だけでなく、あらゆる商品に応用可能です。

**①待ちに待った海外旅行！……足りないものはありませんか？**

**②9月1日は防災の日。「もしも」のために、足りないものはありませんか？**

**③いよいよ入学式。足りないものはありませんか？**

①は海外旅行グッズ。②は防災用品。③は、文房具を売りたいときに使えるキャッチコピーです。
あくまでも「情報提供」なので、それぞれ必要な商品の一覧やチェックリスト形式にすることをお忘れなく。

## 07 わかりやすい言葉と言い回しを使う

わかりやすい言葉を使うのは、広告やキャッチコピーを作る上での鉄則です。なぜなら、人はわかりにくいものを避けようとするからです。

簡単な例を挙げると、「有難う」「是非」「御来店」などは、それぞれ「ありがとう」「ぜひ」「ご来店」にすべきです。このほうがわかりやすいし、やさしい感じがするからです。

少し極端ですが、次の例を見比べてください。緑豊かな公園のキャッチコピーです。

**①都会の喧騒の中に突如現出した緑の絨毯!**

**②そうぞうしい都会の中に突如現われた癒しの緑!**

どちらがいいかと言うと、当然②です。①は、使っている言葉が難しすぎるからです。

まず、「喧騒」。「けんそう」と読みますが、ふりがなを打たなければ読めない人もいるような漢字です。特殊な言葉ではありませんが、日頃ほとんど使いません。そのような言葉は、できるだけ使わないようにします。

「現出した」は、論文でしか使わないような難しい言葉なので、「現われた」に直します。

最後に「絨毯」とありますが、これも漢字が難しすぎます。「じゅうたん」と読みますが、漢字が得意な人でなければ読めないでしょう。これは「じゅうたん」と、ひらがなにするべきです。②では「癒しの」という言葉をつけて、商品メリットに言及しています。

このように、「意味がわかりにくい言葉」「難しい漢字」は使わないことです。目安としては、中学生でも読める言葉・漢字だけを使うように心がけましょう。

最後に、文のつなぎかたについて述べましょう。次の2つの例を見比べてください。

**①当英会話スクールがお教えするのはやさしい英会話だけです。ネイティブが理解しやすいのも、やさしい英会話だからです**

**②当英会話スクールがお教えするのはやさしい英会話だけです。やさしい英会話が、ネイティブにも理解しやすいからです**

どちらが意味をとらえやすいかというと、②です。これは2文目において「やさしい英会話」という言葉を文頭に持ってきて、1文目の終わりから連続させているからです。

これに対して、①はいったん「ネイティブが理解しやすいのも」というフレーズをはさんでいて連続性が損なわれているため、意味が頭にスッと入ってきにくいのです。

このように、文と文のつなぎかたひとつでも、2文が1文のように理解しやすいか、そうでないかが変わってくるのです。

# 第9章

# 「意表」をついてうならせるキャッチコピー

01

# デメリットを正直に告白する

関東地方に、「正直経営」と言える手法で売上げを伸ばしている食品スーパーがあります。

このスーパーでは、商品に関する情報を、よいものも悪いものも包み隠さず公開し、お客様の信頼を得ています。

たとえば、野菜コーナーに行くと次のような説明書きが貼られています。

**このトマトは天候不順で育ちが悪く、あまりおいしくありません**

**このきゅうりは、形が悪く市場に出回らないのですが、味に問題はないので安く仕入れました**

POPに、「おいしくありません」と書いている食品スーパーは初めて見たので、びっくりしました。しかし、このように書いておいてもらえば、お客様にとってはむしろ判断がしやすくなります。嫌なら買わなければいいし、「安くしてくれているので、おいしくなくても我慢するわ」と思えば買えばいいのです。

普通のスーパーでは、このような情報が公開されていないから、「このトマト、おいしいのかな、どうなのかな」と迷ってしまうのです。

なかには、「おいしくないものを仕入れて売るなんて、お客様に対する姿勢が間違っている」と思う人もいるでしょう。しかし野菜や魚の場合は、その年の天候によって収穫量や味が変わります。いくら味が悪くても、「トマトが売っていない」のはお客様が困るから、仕入れているのです。つまり、このスーパーだけが、意図的に品質の悪いものを選んで売っているわけではないのです。

そもそも、お客様が怒るのは「おいしくないとわかっているものを黙って、あるいは『おいしい』と偽って売る」ことです。特に食品の場合、最近は産地偽装などの不祥事が多発していることもあり、お客様は不信・不安な思いで商品を買っています。

そんな時代だからこそ、余計に正直な告白が支持されるのです。実際に、このスーパーでしか買わないという「信者客」が多数存在し、会社も、そんな信者客を毎年増やすことを経営目標のひとつにしているようです。

ただし、デメリット告白の際、注意しなければならないことがあります。「『保証しない』など、売った後に責任が取れないようなデメリットは×」「そのデメリットが受け入れられないお客様のために、できる限り、他の選択肢（商品）も用意しておく」の2つです。

お客様が、そのデメリットに事前に納得して買えるようにするというのが大原則です。

## 02 失敗を大義名分に変える

大義名分は、セールを行なうときに欠かせないものです。

よく、「創業10周年祭」といったセールタイトルを見かけますが、これも大義名分付きです。「おかげさまで、創業10周年を迎えることができたので、感謝を込めて特別に」という意味合いです。

「売りつくし」も、それ自体が大義名分です。店舗リニューアルをする。あるいは、品揃えを一新するために、店内にある商品を一掃する。だから、いつもとは違う特別価格ですよ、ということです。

どちらも、お客様にとって納得感があります。「なぜかはよくわからないけど、いつもより安い」というより、「ワケがあって安い」のほうが安心して買えます。だから、大義名分が必要なのです。

「そうか、大義名分か。それじゃあ、ウチの店も何か大義名分を付けて、納得性の高いセールをやってみよう」

そうして企画に入るのですが、ここで、大義名分は意外に思いつかないことにも気がつくはずです。

先述の「周年祭」「売りつくし」の他、「オープン」「リニューアルオープン」「お客様○名突破」「○○受賞」……このあたりから、アイデアに詰まってきます。

そもそも、上記のどの大義名分も、本当にそのような計画があったり、実績をおさめたりしたのであれば実施可能ですが、事実でないことをでっち上げてまで行なうわけにはいきません。納得できる大義名分は、そう簡単には作れないのです。

そうして結局、「感謝祭」などといった、ありふれたタイトルを打つことになります。しかし、事実の裏付けがない分、印象は弱くなります。ユニークなところでは、「『社長が誕生日だから』セール」というものも考えられますが、愛嬌はあるものの、無理やり感が否めません。

そこで、少し発想を変えて、失敗を大義名分にすることを考えてみてはどうでしょう。

まずは、「在庫がかさんでしまった」編です。

**発注ミスで大量の在庫を抱えてしまいました**
**自信のある商品なので、たくさん仕入れたのですが……**

この後に、「お願いします、買ってください」と続くセールが一時期流行しました。使い古された感はありますが、このようなセールが存在しない地域では、使えると思います。

次にその逆、「欠品を起こしてしまった」編です。

**前回は、あっという間に売り切れてしまいご迷惑をおかけしました**

**せっかくお越しいただいた多くのお客様を、品切れでがっかりさせてしまいました**

もちろんこの後は、「今回は、充分な数を用意して大盤振る舞いします！」などと続けます。

失敗をしても、それを次の売りにつなげるたくましい商魂をキャッチコピーにしてください。

03

# ネガティブイメージを、先回りしてかき消す

## デザインにうるさいあなたが住みたくなる家

これは、ある住宅会社の新築完成見学会チラシのタイトルとして使われたキャッチコピーです。

この住宅は高いデザイン性が売りであったため、当初は「デザインにこだわるあなたが住みたくなる家」というコピーが設定されていました。それを、チラシの完成直前に「こだわる」から「うるさい」に変更したのです。

この刺激的な表現によって、「よほどデザインに自信があるんだな。いったいどんな家なんだろう」というお客様の強い関心をかき立てることに成功しました。この見学会には、予想をはるかに上回るお客様が来場されたのです。

しかしこの成功は、タイトルコピーだけによってもたらされたものではありませんでした。サブタイトルとして、次のコピーを添えていたのですが、これがあったからこそ、タイトルコピーが活きたのです。

## 高そうに見えるけど、手が届く

デザインにこだわった家と聞くと、「でも、高いんだろうな」と反射的に思う人は少なくないでしょう。このキャッチコピーは、そんなネガティブなイメージを先回りしてかき消しているのです。

ただしこの住宅は、デザインにこだわっている割に「高くはない」のであって、決して「安い」わけではありません。つまり、「高そうに見えるけど、実は安い」とまでは言えないのです。

そこで、「手が届く」という表現を使うわけです。これなら、「高くない」イメージを適切に伝えることができます。

それでは、ここで例題として、新車販売のキャッチコピーを考えることにしましょう。

あるカーディーラーが、新発売の8人乗り大型ワンボックスカーのキャッチコピーを考えています。

迫力ある外見と広い室内空間。大型車として、このようなポイントを押さえている一方で、小回りがきくことと燃費がいいことが、この車の大きなセールスポイントです。

では、「ネガティブイメージを、先回りしてかき消す」テクニックを使って、キャッチコピーを作ってみましょう。

迫力ある外見からは、「小回りがきかず運転しにくそう」「燃費が悪そう」といったネガティブイメージがつきまといます。しかしこの車は、そうではないのがセールスポイントです。

そこで、次のようなキャッチコピーが考えられます。

**こんなに大きな体なのに、狭い道もキビキビ走る**

**燃費が悪そうだと思いきや、よく走る**

これは、さまざまな業種や商品で使えるテクニックなので、ぜひ試してみてください。

04

# 異論・反論に先回りする

前項に関連して、「先回り」のテクニックを、もうひとつご紹介しましょう。最初は、自分の主張をぐいぐいと押し通していたのだけど、途中で異論や反論が一気に噴出して、急におとなしくなってしまった……。議論の場で、こんな人をよく見かけます。

異論・反論あってこその議論ですが、それでも議論に参加する人はみんな、できるだけ反論を買うことなく、自分の主張をしたいと思っているものです。そこで上手な人は、「異論・反論に先回りする」という手法を使います。これは文字どおり、自分が今から述べる主張に対して考えられる異論・反論を、先に言ってしまうというものです。

たとえば、「みんなで分担して○○しよう」という主張をするとします。しかし、そのように言った場合、「私は忙しくて時間がない」「お金は誰が出すんだ」といった反論が予想されます。そこで、次のようにして主張を展開するのです。

「私もそうですが、みなさん忙しくて時間がないことでしょう。また、わずかですがお金もかかるので、負担したくないという気持ちもあると思います。でも、私たちがやらなければば、誰がやるのでしょう。ここはぜひ、みんなで分担して、○○しましょう」

これが、異論・反論への先回りです。先にこのように手を打っておくと、反対意見を持っている人も、「それでも私は時間がない」「それでもお金は出したくない」とは言いにくくなります。その結果、「そうだな、仕方がないな」と、みんながその主張を受け入れるようになるのです。

この手法は、キャッチコピーにおいても役立ちます。

自社や商品のよいところばかりをPRしていると、お客様は何か異論を唱えたくなるものです。「いいことばかり言うけど、いい値段するんじゃない？」「いくら機能がよくても、すぐに壊れて使えなくなったら意味がないわね」。そこで、これらの異論に先回りするのです。

**①「いくらよくても高い」と思ったあなた！　本当に高いのか、もう一度よく考えてみてください**

**②もちろん、「もし壊れたら……」と不安な方もおられることでしょう。そこで、充実のアフターサービスもご用意しました！**

①ではこの後に、決して高い買い物ではない根拠を並べます。たとえば、他社の競合商品を挙げ、その機能と価格の関係を検証する。あるいは、総額では高くても長持ちするので、1日あたりの使用コストを考えるととても安いことを伝える、などです。

②は、「3年間は、壊れても一切無償で修理・交換する」「修理期間中に困らないように、修理に出す品と引き換えに代用品をお渡しする」などの、具体的なアフターサービスの内容を伝えます。

このように、お客様が思いつくであろう異論・反論に先回りしてつぶしておくと、その商品に関心のあるお客様は、買わない理由がなくなっていくのです。

## 05

# おふざけでネガティブに自己紹介する

以前、飲食店のポータルサイト「ぐるなび」で、自店をこう紹介している「もつ焼き」店が話題になったことがありました。

**この道半年！　それほど「もつ」が好きでもない店主が焼く「もつ」の味とは？**

お客様に来てほしいという気があるのか？　と疑ってしまうキャッチコピーです。さらにこの後には、「ご予約は丁寧にお断りしております！」「狭くて落ち着かない店内」「愛想が大してよくない店員が真顔でお出迎えします！」などのコメントが続きます。

ここまでくると、誰もがおふざけであるとわかります。このような、ふざけた広告に不快感を持つ人もいるかもしれません。しかし、私自身はおもしろく読ませてもらいました。都内にある店ですが、メニューを見ると全体的に安めなので、どんな店か今度行ってみようと思ったほどです。

奇襲作戦のようではありますが、このように、自社・自店のことをネガティブに表現するキャッチコピーはときに効果的です。有名なところでは、昔、東京のとしまえんの広告で使われた「史上最低の遊園地」というものがあります。この、人々の意表を突いたキャッチコピーは話題になり、としまえんの来場者数を大きく伸ばしたそうです。普通は、「家族で1日中楽しめる！」などとPRするものですが、「史上最低」と言われると、逆にどんな遊園地なのか、どんなイベントが行なわれているのかが気になります。

これは、昔から「怖いもの見たさ」という言葉で表現される人間の心理に関係しています。ある雑貨店では、輸入物のチョコレートに「まずい！　売れたらもう仕入れない」と殴り書きしたPOPを付けたところ、あっという間に売り切れてしまったそうです。また、テレビ番組で「日本一まずいラーメン店」と紹介された店が、その後大繁盛したというのも有名な話です。

このもつ焼き店でも、ふざけすぎていて意図が丸見えなのですが、「何だ、見え見えのウケ狙いだなあ……」と気にさせた時点で、広告としてはOKです。そして中には、「いったい、どんな店なのだろう」と興味を持って食べに行く人も出てくるでしょう。

広告では、「当店はおいしい！」「こだわっています！」などと自店のいいところをPRするのが普通だからこそ、このようなネガティブメッセージの広告が異彩を放ち、注目を浴びるのです。

ただし、ネガティブメッセージのキャッチコピーを用いる際には、2つほど注意が必要です。

まず、多用しないこと。奇抜さを狙ったキャッチコピーだけに、繰り返すと飽きられるのが早いからです。奇抜さよりもわざとらしさが目立つようになって、かえって敬遠されます。

もうひとつは、お客様の「ステイタス」をくすぐるような商品・業種では使わないこと。飲食店や遊園地ではよくても、時計やアパレルなどファッション系の店では不向きです。

また、教育や安全が関係するジャンルでも、「悪ふざけ」と反感を買うため、使わないようにしましょう。

# 06 やめることを宣言する

## わかりにくい価格表示やめます

これは、ある美容室の広告で使われたキャッチコピーです。

このキャッチコピーは、広告の中では決して大きく書かれていなかったのですが、それでも私の目に止まるくらい異彩を放っていました。

伝えたいことの中身からいうと普通は「わかりやすい価格表示に変更しました」という表現になるものです。あまり、「やめる」という表現は使いません。なぜなら、「やめる」というのは、「今までよくないことをしていた」という印象を与えてしまうからです。

このキャッチコピーも、自店の価格表示が今までわかりにくかったことを認めているようなものです。しかし、それがあまりデメリットにならないのはなぜでしょうか。

次のキャッチコピーと比べると、わかるかもしれません。

## オプションや商品の執拗なおすすめをやめます

これは、同じ「やめます」型のキャッチコピーでも、使ってはいけないキャッチコピーです。理由は2つあります。

ひとつは、前者が業界全体の問題点であるのに対して、後者はその店自体の問題点であることです。

もうひとつは、後者は「やめること」の中身が度を越していることです。「わかりにくい価格表示」程度であれば許せますが、「執拗なおすすめ」となると、「『これからはやめます』と言ってすむ問題か?」という印象を与えます。

少し異業種の事例を交えましょう。たとえば、書店であれば、次のようなキャッチコピーが使えます。

**わかりにくい出版社別の陳列、やめます**

本が出版社別に並べられているのをよく見ますが、とても選びにくいものです。出版社で本を選ぶ人は少数派だからです。イベントをしたり、展示場を持つ住宅会社の場合、

**受付での唐突なアンケート、やめます**

という宣言は、なかなかインパクトがあります。

やはり、「やめます」型のキャッチコピーは、「業界全体の問題点に焦点を当てること」「今までそんなことをしていたのか、とお客様から反感を買うレベルのことは避けること」の2点に注意した上で使うべきでしょう。

# 07 積み重ねに気づかせる

**あなたがお使いのふとんは、こんなにも汚れています**

これは、ふとんの丸洗いサービスを手がける会社の広告キャッチコピーです。

このキャッチコピーの隣には、「5年間、一度も洗濯をしなかったふとんの汚れ」というコメント付きで、茶色い水の入ったビーカーの写真が貼られています。「ずっと洗わないでいると、知らない間にこんなに汚れているんだ！」と気づかせて、サービスの利用を促すのが目的です。

1日、1週間、1ヶ月といった程度ではまったく気にならないことでも、1年、2年と積み重ねると、ドキッとするような状態になっているということがよくあるものです。この例のような「汚れ」や、「体型」「ムダづかい」などです。

そこに焦点を当て、「あなたの○○は、こんなにも××しています」というパターンでドキッとさせるキャッチコピーがあるのです。

**たばこを1本吸うたびに、あなたの体内には、こんな物体が……**

こんなキャッチコピーを目にしたら、隣にある写真を見ずにはいられないでしょう。写真には、タールという黒ずんだ物質が写っています。さらにダメ押しで、

**1日20本吸う人は、ヤニが1年でコップ1杯分になるのです**

と、積み重ねの怖さに気づかせます。もちろん、禁煙グッズの広告のコピーです。

ある住宅会社のショールームには、ユニットバスにこんなＰＯＰが張り出されています。

**人は、1年のうち90時間をお風呂で過ごす**

これは、1日のうちの入浴時間を平均15分と仮定して計算したものです。1年という長期間が分母であるとはいえ、90時間、つまり丸4日間近く、お風呂に入り続けていることを想像すると、ちょっと驚いてしまいます。

このキャッチコピーが暗に意味するのは、「ユニットバスは、快適にくつろげる、いいものを選びましょう」ということです。ただ、このこと自体をストレートに伝えるだけでは芸がありません。そこで、このキャッチコピーを使って、お風呂にいる時間は意外に長いんだということを伝えることにしたのです。

外堀を埋めるような地味な作戦ですが、最初に宣伝から入って毛嫌いされるよりは、お客様自身に気づいてもらい、問題意識を持ってもらうほうが、その後の宣伝がスムーズにいくというわけです。

# 第10章

# 「変化」「対比」で心を揺さぶるキャッチコピー

01

# ダイナミックに変化をつける

あなたが、ある人の講演を聴いているとします。次のうち、どちらが興味をそそられるでしょうか？

**①そこで私は、一度買って試してみようと思ってレジに向かったんです。ところが次の瞬間……**

**驚きました。思わず「何だ、これ！」と声を上げましたよ**

**②そこで私は、一度買って試してみようと思ってレジに向かったんです。ところが次の瞬間……**

**びっくらこいた！　思わず声を上げましたよ、「何だ、こりゃあ！」って**

①も②も、ほとんど同じ内容です。しかし、ほとんどの方が②のほうに強い印象を持ったのではないかと思います。その理由は、②が「コード・スイッチング」という技法を使って話しているからです。

社会言語学者の東照二さんは、著書『人を惹きつける「ことば戦略」』（研究社）の中で、

「コード・スイッチングとは、言語・方言・立場・話し方等を変化させることによりダイナミックにアピールし、相手を惹きつける技術」であると述べています。変化をつけて気を引く技法、それがコード・スイッチングです。

そこで、もう一度①と②を比べてみると、よくわかると思います。②は基本となる「です・ます調」の中に、突如として「びっくらこいた！」と「である調」、かつ「口語体」が出てきます。その変化に、聞き手はビクッとなるのです。さらに最後は、「何だ、こりゃあ！」と、やはり口語体です。このメリハリが、聞き手の心を引きつけるのです。

①はそのような変化やメリハリがありませんから、同じことを話していても、いまいち心に響かないのです。

さて、このコード・スイッチングは、当然キャッチコピーにも応用することができます。

**③創業以来の破格値です‼　でも、ちょっとやりすぎたかな……**

**④いろいろ試しているのに増えていく小ジワ、でもNever Give Up!**

**⑤これが本当のマンゴー果汁100%、あま〜い‼**

③は「ソト」と「ウチ」のコード・スイッチングです。外に向けて「破格値です」と言い切った後、「やりすぎたかな」と、内に向けてボソッとつぶやくように言う。この落差で目を引こうとしています。

④は「日本語」と「英語」のコード・スイッチングです。もちろん、広告は日本語で書くのですが、その中に突如として英語を使うと目立ちます。ただし、誰でも知っているような英語でないと、不親切、キザなどのマイナスイメージを与えてしまうので注意が必要です。

⑤は「理性」と「感情」のコード・スイッチングです。「果汁100%」は科学的な情報。その後に突然、「あま〜い」と感情丸出しの言葉を持ってきます。このギャップが、おもしろいのです。

このように、言語や立場、話し方が正反対のものを連続させてコントラストを作るのがコード・スイッチングです。他にも、「私的－公的」「敬語－タメ口」「ホンネ－タテマエ」「笑い－恫喝」など、変化の付け方にはいろいろあるので、試してみてください。

## 02

# ポジティブとネガティブを対比する

数年前ですが、ロバート・キヨサキさんの『金持ち父さん　貧乏父さん』という本がベストセラーになりました。投資や資産運用に関する本なのですが、タイトルに「金持ち」と「貧乏」という対義語を用いたことによって、多くの人の目に止まったのでしょう。

このように、ポジティブとネガティブ、プラスとマイナス、よい例と悪い例といった組み合わせを対比的に用いることは、キャッチコピーづくりのひとつのテクニックです。

では、なぜポジティブとネガティブの対比が目を引くのでしょう。私は、以下の3つの理由があると考えます。

**①2つの違いは何だろう、という興味をかき立てる**

**②「ネガティブ（マイナス、悪い例）」に、自分自身を重ね合わせてハッとしてしまう**

**③「ポジティブ（プラス、よい例）」になる・近づく・するための方法論を期待させる**

ではここで、いくつか例を挙げてみましょう。

**Ⓐ飽きるインテリア、飽きないインテリア**

**Ⓑ頼れる自動車保険、裏切られる自動車保険**

**Ⓒ美しい字が書ける人、書けない人**

Ⓐはインテリアショップ。Ⓑは損害保険会社。Ⓒは書道教室のキャッチコピーです。

これらの例からもわかるように、このテクニックは、主にスタッフからのアドバイスやコンサルティングが必要な業種・商品で有効です。

それでは、このテクニックを使って、新築住宅の広告に用いるキャッチコピーを作ってみることにしましょう。

まずはポジティブ、つまり「よい家」のパターンを挙げてみます。

「住みやすい家」「収納が多い家」「広々とした家」「頑丈な家」「美しい家」「冬に暖かい家」「明るい家」……いくつでも出てきます。

では次に、それぞれと対比させるネガティブ、つまり「悪い家」を考えてみましょう。

「住みにくい家」「収納が少ない家」「狭い家」「もろい家」「汚い家」「冬に寒い家」「暗い家」……こんな感じでしょうか。

そして、これをつなぎ合わせます。前3つで見てみましょう。

**住みやすい家、住みにくい家**

**収納が多い家、少ない家**

広々とした家、狭い家
しかし、どうもピンときません。そこで最後に、意味を変えずに違う表現を考えてみます。
住み心地のいい家、悪い家
物が片付く家、散らかる家
実際より広く感じる家、狭苦しく感じる家
ずいぶん印象が変わりました。実は、これらの言い換えには、ある共通点があるのです。
それは、「お客様」を主体にしていることです。
「住みやすい」よりも「住み心地のいい」としたほうが、お客様の「感覚」が表現できます。「収納が多い」よりも「物が片付く」のほうが、日常生活がイメージできるという点で、やはりお客様視点と言えます。「広々とした」は客観的な表現ですが、「広く感じる」はその場にいるような主体的な表現です。
ポジティブとネガティブの対比が効果的な理由のひとつが、先述のように「キャッチコピーを見て自分自身を重ね合わせる」ことにあるわけですから、このようにお客様を主体にした表現にしたほうが、より心に訴えかけるのです。
以上のように、「よい○○を考える」「その反対、悪い○○を考える」「お客様を主体にした言葉に言い換える」の手順を踏むと、よりおもしろいキャッチコピーができるのです。

## 03

# 常識では結びつかない言葉を対にする

### こんな田舎に、まさかの大穴場発見！

これは、ある家具店が広告で用いたキャッチコピーです。この家具店の所在地を見てみると、たしかに、市街地からは1時間ほども離れた山中にあります。地元の人なら、なおさら「えっ、こんなところに？」と思う場所ですが、それだけに、「まさかの大穴場」と言われると興味が湧いてきます。

このキャッチコピーが優れているのは、一般的な認識を覆しているところです。都会の一角に、実はあまり知られていない穴場が……というのはありそうな話ですが、田舎に穴場というとピンとこないもの。だからこそ、「田舎なのに穴場がある」と伝えることで、強い印象を与えているのです。

このように、「こんな○○に、まさかの△△が××！」というパターンで、キャッチコピーを作ることができます。もちろん、○○と△△は、一般的には結びつかないものを当てはめるのが基本です。

たとえば、「都会の真ん中」と「豊かな自然」は、まったく結びつかない概念です。そこで、ある公園のPRをしようと思ったら、「こんな都会に、まさかの大自然」というようにキャッチコピー化するのです。

これを応用すれば、いくらでもキャッチコピーが作り出せます。

**こんな短時間で、まさかの資格取得!**

**「都心」の「駅前」に、まさかの家賃4万円ワンルーム**

最後に、簡単な練習問題を出しておきましょう。次のキャッチコピーには問題点があります。それは何でしょうか?

**こんな低価格で、まさかの高機能!**

一見、「低価格」と「高機能」という、反対の概念を結びつけた、よいキャッチコピーのように見えます。しかしこのキャッチコピーでは、ほとんど何も伝わりません。なぜかというと、「高機能」という言葉があいまいだからです。

「高機能」「高性能」「高評価」などといった言葉は、語感がいいのでよく使われますが、具体的に何を指しているのかがわかりません。したがって、読む人にはピンときません。

ですから、たとえば「こんな低価格で、まさかのハイビジョン録画!」というように、具体的にどんな機能が優れているのかを書くことが必要なのです。

## 04 予定調和を崩す

以前刊行されたビジネス書に、『ワークライフ・〝アン〟バランスの仕事力』というものがありました。これはよくできたタイトルだと思います。

なぜなら、「ワークライフ……」の次は、誰しも「……バランス」と答えてしまうから。つまり、「ワークライフ・バランス」というひと続きの言葉が広く認知されているからです。それをあえて崩すことで、「おや?」という違和感を与えることができるのです。

もう少し、身近な例を挙げましょう。「二度あることは……」と問われれば、誰しも条件反射的に、「……三度ある」と答えます。これは、「二度あることは三度ある」ということわざを知っているからです。

この、誰もが「三度ある」と反射的に答えてしまうところに、キャッチコピーづくりのヒントがあります。その予定調和を崩して違和感を出せば、目を引くことができます。

**二度あることは……もう、三度目はないかも**

これは、とっておきのセールやキャンペーンを行なうときに使えるキャッチコピーです。

1年前にやって、大好評を博した。その好評に応えて、半年前にもアンコール・セールをやった。そして今回も……と続けば、「ああ、半年ごとに恒例で行なうのだろうな」という印象を持つお客様がいるかもしれません。

そこで、「今回が最後かもしれませんよ」というニュアンスを出して、特別感を強調するのです。もちろん、「このセールは今回が最後です」と言い切るのもいいでしょう。

## 今すぐ、お電話しないでください

これも、「今すぐお電話ください」というのがお決まりのフレーズなのですが、その逆をいっています。

このキャッチコピーの後には、「どうぞインターネットで、当社のことをよく知ってください。どうぞご購入の方々の声をおたしかめください。お電話いただくのは、それからで結構です（自信があります）」という文章が続きます。

つまり、このキャッチコピーで「えっ、何で？」と気を引いておいて、自信があるから急かさないことを説明するのです。これがもし、「自信があります」が先に来てしまうと、平凡な広告になってしまいます。

自店・自社のことをあれこれ言うのは、相手の関心を引いてからというのが鉄則です。予定調和を崩すのは、相手の関心を引きたいときに幅広く使えるテクニックなのです。

## 05 突然問題を出す

突然ですが、問題です。

あるスーパーで、同じ折りたたみ傘に異なる2種類のPOPを付けてみたところ、売れ本数に倍の差が出ました。

では①と②、より多く売れたキャッチコピーはどちらでしょう?

**①すぐに乾いてカバンにサッ! 出張族御用達**

**②小さくても使い勝手は抜群です!**

みなさんならすぐにわかったと思いますが、答えは①です。

①は、お客様にとってのメリットが具体的で、かつ「出張族」とターゲットも明確にしています。それに対して、②は商品説明が漠然としていて、ほとんど何も伝わりません。

さて、実はここでお伝えしたいことは、①と②のキャッチコピーのどちらがよい・悪いということではありません。

「突然ですが、問題です」という最初の一文が、ひとつのキャッチコピーなのです。

恐らくみなさんは、この項の冒頭からここまで、引き込まれるように一気に読み進められたことと思います。それは冒頭に「突然ですが、問題です」とあったからです。

人は、「さて問題です」と言われると、条件反射的に答えようと身構えます。この心理効果を活用したのが、突然問題を出すというキャッチコピーのテクニックです。冒頭で、「突然ですが問題です」から入って、読み手を一気に本題にまで引き込むのです。

このテクニックには、上記のように純粋に相手に考えさせるものと、問題そのものを自社の商品やサービスのPRに結びつけるものの2つのパターンがあります。

たとえば、自動車保険の広告であれば、後者のパターンを使うと次のようになります。

**質問です。**

**「保険会社の言いなりで、過剰な保険料を一生払い続ける」**

**「自分に合った、必要最低限の保険料ですませる」**

**……あなたなら、どちらを選びますか？**

この後、個人個人に合わせた保険プランを提案するという、この会社の売りを説明する広告本文につなげるのです。

初めから売りを前面に打ち出すのではなく、まず読み手に「参加」させて、徐々に売りに引き込む。これが、このキャッチコピーのテクニックです。

# 06
# 「実は」「ところが」で関心を引く

私はコンサルタントという仕事柄、頻繁に講演をしています。

講演で最も重要なのは、言うまでもなくその内容です。しかし、同じことを話すのでも、その話し方によって、聴いている人の反応に差が出ます。

どんな話し方をすれば、聴いている人をより喜ばせることができるのか。これは、私たちの永遠のテーマです。そこで常々、他の人の講演を聴いて研究を重ねているのですが、あるとき、講演の上手な人に共通する要素をひとつ発見しました。

それは、「実は」「ところが」などといった、続きを期待させる言葉をよく使うことです。

「実は、……」と言われると、何か意外なことや、びっくりすることを話してくれるのではないか、と期待するものです。当然、その期待に沿うような「ネタ」を用意した上でそう話すのですが、ところどころに「実は」が来ることで、絶えず期待を抱きながら話を聴くことができるのです。

「ところが」も同様です。「ところが」は、起承転結でいえば「転」にあたり、思いもかけない展開を期待させます。これは、キャッチコピーを考える上でも使えます。「実は」「ところが」は、読み手の関心や注意を引くことができるのです。

**実は私、勉強をはじめたのは1ヶ月前でした**

これは、資格取得を支援する通信教育などに使えるキャッチコピーです。

「実は私、1ヶ月前まではこんな体型でした」とすると、ダイエット器具や食品に使えます。また、「実はこれ、コピーです」だと、高性能なカラーコピー機やカラープリンタのキャッチコピーとして使えます。さらに、「実は、初めてだったんです。私が本を読んで泣いたのは……」は、書店が小説に付けるPOPのキャッチコピーとして使えます。

次は、「ところが」を使ってみましょう。

**座り心地はよくありませんでした。ところが……**

これは、ビジネスチェアやソファに使えるキャッチコピーです。

イスは座り心地が最も重要な価値です。それがよくなかったのに……何だろう？　と気になります。この後には、たとえば「何時間座っても腰が痛くならない。魔法のイスだと思いました」などと続けます。

「ところが、もう全部食べられてしまって！」はお菓子のキャッチコピーです。家族や友人の間で、「おいしいおいしい」と言いながらパクパク食べるシーンが想像できます。

## 07 フォントを変えて印象を操作する

同じキャッチコピーでも、それをどのようなフォント（文字体）で書き記すかによって、読み手が受ける印象はかなり変わってきます。

試しに、第9章の「ネガティブイメージを、先回りしてかき消す」でご紹介した次のキャッチコピーを、いくつかのフォントで表現してみましょう。

①高そうに見えるけど、手が届く
**②高そうに見えるけど、手が届く**
③高そうに見えるけど、手が届く
**④高そうに見えるけど、手が届く**

①は明朝体です。この本も含め、ほとんどの書籍で、本文にこのフォントが使われています。その理由は見やすさにあります。見てのとおり、細身ですらっとしたスタイルのフォントなので、文字数が多くても目がチラチラせず、疲れにくいのです。

逆に言うと、読み手の目を引くキャッチコピーには、あまり向いていないフォントと言えます。

ただし、同じ明朝体でも、「太（ふと）明朝」や「極太（ごくふと）明朝」と呼ばれるものがあります。これは、すらっとした感じというよりは荘厳なイメージです。キャッチコピーに、重みのある印象を植え付けたい場合には、このようなフォントを使う手もあります。

②はゴシック体です。タイトルや小見出しなどでよく使われます。明朝体とは違い、太くどっしりとしたスタイルのフォントなので、長文への使用には向きません。逆に、見出しなど目立たせたい部分への使用に適していますから、当然キャッチコピーにも向いています。

チラシなどの広告でも、タイトルによく使われるフォントです。

受ける印象は、「ガッチリ、力強い」です。笑いをとるようなキャッチコピーや、安さを強調するようなキャッチコピーには少し不向きかもしれませんが、それ以外には無難に使えるフォントです。

ゴシック体にも、明朝体と同じように「太ゴシック」や「極太ゴシック」などの種類があります。太いほどずっしりした印象が増すため、豪快なイメージを持たせたければ、このようなフォントを使うとよいでしょう。

③は丸ゴシック体と呼ばれるものです。やはり文字の太さで、「細丸ゴシック体」「太丸ゴ

シック体」などに分けることができます。明朝体やゴシック体と違い、カドを取ったような、やわらかみのあるスタイルなので、受ける印象も「やわらかい、やさしい」といった感じになります。

「高そうに見えるけど、手が届く」というキャッチコピーは、どちらかというと力強く言い切りたいものです。そのため、丸ゴシック体だと少し弱々しいイメージになってしまいます。

逆に、ポップに明るく伝えたいキャッチコピーの場合には、このフォントが向いています。また、自社のイメージを極力やさしく、営業色の少ない会社として伝えたい場合にも、このフォントは適しています。

④はポップ体というフォントです。文字どおりPOPなどでよく使われます。受ける印象も、文字どおりです。ポップで明るく、ウキウキとした感じです。ポジティブで、最後に「！」が付くような、勢いを感じさせるキャッチコピーに使いましょう。

このフォントは、安さ感を出したいときにも最適です。食品スーパーで、「**たまご　158円**」などと書かれたPOPをよく目にすると思います。数字にも使えるフォントなのです。ただし、「高そうに見えるけど、手が届く」のようなキャッチコピーの場合、少しシリアス感を出したほうがいいので、このフォントは向きません。

この他にも、江戸の下町をイメージさせるような「勘亭流」、流暢で上品なイメージの「行書体」「草書体」など、数え切れないほど多くのフォントが存在します。

一瞬、手書きかと錯覚してしまうような「手書き風」と呼ばれる書体もあります。なかには昔、若い女性の間で大流行した「丸文字」を再現した「まるもじ体」というものまであります。手書き風フォントから受けるイメージは、「あたたかい、人間味がある」などです。ライフスタイルを売るようなキャッチコピーの場合には、手書き風を検討するのもいいでしょう。

このように、フォントの数だけ、受ける印象もさまざまに異なります。そのキャッチコピーに応じたフォントを選択することが重要です。

# 第11章
# 「力強さ」で圧倒するキャッチコピー

## 01

# 自信たっぷりに言い切る

人を説得するときに重要なのは、自信たっぷりに言い切ることです。

「〇〇だと思うんですけど」と「〇〇です」では、同じ内容であり、かつそれが真実であったとしても、聞き手の印象は大きく異なります。前者は、「大丈夫かなあ……」と頼りなく聞こえるのです。

同じことが、キャッチコピーにも言えます。

**それ、間違いです**

このようにハッキリ言われると、ドキッとして続きを読んでしまいます。

**喜びの声が続々届いています！　本当です！**

このキャッチコピーは、「お客様の喜びの声が届いていること」を伝えようとしているのですが、お客様の声といっても、「サクラじゃないの？」と疑われがちなものです。そこで、末尾に「本当です！」という言葉を付けています。

「本当です！」と改めて言われると、本当に本当なんだろうな、と思ってしまいます。「ウソなら、そこまで言わないだろう」という推測が働くからです。

ですから、疑われがちな何かを伝えたいときには、「本当です！」という言葉を付け加えてみましょう。印象が大きく変わります。

**絶対に裏切らない。あなたの期待**

究極の自信を表わすのが、「絶対に」「必ず」「１００％」などの断定語です。

これらを使うときは、先ほどの「本当です！」とは逆に、文頭に持ってくるのがベストです。

これは、実際に比べてみるとわかります。

**あなたの期待を、絶対に裏切らない**

どうでしょう。少し印象が弱くなってしまいます。このキャッチコピーが倒置的になっているのには、そういう狙いがあります。

そして、「裏切らない」という刺激的な言葉を使っているのにも意味があります。

「絶対に応えます、あなたの期待に」と比べてみてください。「応える」のほうがポジティブな言葉なのに、なぜか、「裏切らない」のほうが信憑性があるというか、自信を感じるから不思議です。

02

# 三連発技法で豪快にたたみかける

## うまい、やすい、はやい

これは、誰もが耳にしたことのあるキャッチコピーだと思います。ご存知、牛丼の吉野家のコンセプトコピー（自社のコンセプトをキャッチコピー化したもの）です。

知らない人がいないほど有名であるという時点で、このコピーは秀逸であると言えるのですが、その秀逸さをもう少し細かく分析してみると、

**①お客様のメリットを三連発していて迫力がある**
**②自社の売りを平易な言葉で伝えきっている**
**③「○○い」の韻を踏むようなリズム感で覚えやすい**

の3点がポイントと言えるでしょう。

まず、①について。「三連発」というのがポイントです。

「うまい」だけでは一般的だし、「うまい、やすい」では迫力不足です。「うまい、やすい、はやい」とたたみかけることで、相手に強い印象をもって伝わるのです。

次に②について。他には解釈のしようがない、明快な言葉を使うのもポイントです。たとえば、「快適、便利、安心」というキャッチコピーがよく使われますが、インパクトは弱いと言えます。なぜなら、ひとつひとつの言葉が抽象的だからです。どう快適なのか、どう便利なのか、が少しあいまいです。

最後に③について。このコピーは、ひとつひとつの言葉尻を「い」で、かつ3文字で統一しているため、非常にリズム感がよいものになっています。リズム感のあるコピーは覚えやすいものです。だから、これだけ有名になったと言えます。

このように、言葉を3つ並べてたたみかけるようなキャッチコピーをつくることを、私は「三連発技法」と呼んでいます。

この技法は、商品を直接売るためというよりは、会社・店舗や商品の特長を覚えてもらうために使うほうがベターで、吉野家のようにコンセプトコピーとして、あるいは会社名や商品名のサブタイトルとして（これを「ショルダーフレーズ」と言います）使うのに適していると言えます。

それでは、三連発技法の練習をしてみましょう。次の2つの商品について、三連発技法を使ってキャッチコピーを作ってください。

①耐久性が高く、デザインもよく、処理速度も速いパソコン
②サッとひとふきするだけで汚れが落ち、傷もつけず、においもない洗浄液

まず①については、次のようなキャッチコピーが思い浮かびます。

**強い、速い、カッコいい**

「速い」の代わりに、「かしこい」でもいいでしょう。デザイン性の高さを「カッコいい」と表現するなら、三連発の最後にするべきです。「カッコいい、速い、強い」ではリズム感が劣るからです。

次に、②については、こんなキャッチコピーはどうでしょうか。

**手間なし、キズなし、においなし**

言葉尻を「なし」で統一することで、リズム感と覚えやすさを確保しています。

このように考えていると、単なる言葉遊びのようになってしまいますので、最後にもう一度、三連発技法のポイントをおさらいしておきましょう。

①お客様のメリットを表わす言葉を使う
②あいまいでない平易な言葉を使う
③できるだけ、語尾を揃えてリズム感を出す

この3つを押さえて、キャッチコピーづくりを行なってください。

## 03

# とにかく繰り返す

私たちが、普段の会話の中で何気なく使っている話法に、「繰り返し」があります。

「ケガは大丈夫?」「大丈夫、大丈夫。たいしたことないよ」

この場合、「大丈夫」を繰り返すことで、自分が本当に大丈夫であることを強調しています。

他にも、「もっともっとがんばりなさい」とか、「わぁキレイ、キレイ」というように、同じ言葉を繰り返して強調する話法を、私たちは頻繁に使っています。

しかし、この「繰り返し」をキャッチコピーに応用している例は、それほど多くないと感じます。私たちは話し言葉と書き言葉を区別するため、会話の中ではずいぶん多用している「繰り返し」が、書き言葉ではあまり見られないという現象が起きるのです。

ここに、キャッチコピーづくりのヒントがあります。耳では聞くけど目で見ることは少ない。そんな「繰り返し」の話法を使って、キャッチコピーを作るのです。

**うまい、うまい。うまい。ああ……、とにかくうまい。**

メニューにこんなキャッチコピーが添えられたラーメンがあったら、ちょっと食べてみたくなるのではないでしょうか。

これを、もしテレビのグルメ番組で、リポーターがこんな感想を口にしたら、「もっと表現を工夫してよ」と言いたくなります。しかし、キャッチコピーでは下手に飾った言葉を使うよりは、このように「うまい」という言葉を繰り返すほうが、「とにかくおいしいんだ」という印象が伝わります。

このキャッチコピーでは、途中に「ああ……、」という言葉を入れることによって、味わいながら食べているシーンを想像させ、「うまい」の伝達にリアリティを加えています。

さらに細かい点を言うと、「ああ……、」の前は、いったん句点を入れているのもポイントです。「うまい、うまい、ああ……、」というようにひと続きにしてしまうのではなく、文をいったん切って間を空けることによって、とにかく「うまい」という言葉しか出てこないという臨場感が伝わるのです。

次は、少し変わったパターンを取り上げましょう。

**私も妻も、おじいちゃんもおばあちゃんも、息子も娘も、犬のタローも、みんな大満足**
同じ言葉を繰り返すのではなく、「大満足」をしている家族を一人ずつ挙げていくという繰り返しの手法をとっています。

最後に「犬のタロー」まで登場させることで、ちょっとした「オチ」を作っています。思わずクスッとさせられます。ここまで繰り返すと、人によっては「くどい」と思うかもしれません。しかし、「家族みんな、大満足」と、さらりと言ってしまうのと比べてみてください。伝わり方がまったく違うはずです。

一人ずつ挙げていくことによって、それぞれが満足している様子が鮮明にイメージできるのです。

## 04

# ポジティブ・ワードを連発する

昔からよく用いられるキャッチコピーには、お客様を少し脅かしたり、焦らせたりするものが少なくありません。

たとえば、「来月から値上げします。今、買わないと損!」とか、「限定100個、もう二度と仕入れません」などです。

これらの「あおり」は、たしかにお客様の心を動かす上で効果的です。本書で取り扱っているキャッチコピーにも、このようなタイプのものがいくつかあります。

ただ、これらのキャッチコピーの場合、来店や購入の動機が「値上げするから」「他の人に買われてしまうから」といった、やむを得ずの、ややネガティブなものとなります。ですから、あまり多用はすべきでないのです。

このようなキャッチコピーでお客様を「あおる」ことを続けていると、お客様は「またか!」と反感を持ってしまいます。あるいは、「前回も『限定100個』って言っていたから買ったのに、また『限定100個』だなんて、騙しじゃないの!」と、怒ってしまうお客様もいることでしょう。

ですから、「あおり」系のキャッチコピーは、くれぐれも取り扱いに注意してください。

逆に、お客様をあおるのではなく、心を高揚させるキャッチコピーがあります。それは、

**ありがとう、おかげさま！**

など、ポジティブ（前向き）な言葉で構成されたキャッチコピーです。

**毎日たくさんのお客様と会えて、私たちはうれしいです、ありがとう！**

**お客様が「ありがとう」と喜んでくれている笑顔を見て、幸せです！**

**仕事が楽しいのはお客様のおかげです！**

このように、「ありがとう」「おかげさま（おかげ）」「うれしい」「楽しい」「幸せ」などのポジティブ・ワードを、2つ以上盛り込んでキャッチコピー化するのです。

買い物というのは、「わざわざお金を出す行為」なので、どんな商品であれ、お客様の「積極的な意志」が働くものです。なかには「強迫観念」や、そこまで行かなくとも「不安心理」に駆られてする買い物もありますが、ほとんどの買い物はポジティブなものです。

ですから、ポジティブな言葉を前面に打ち出したほうが、お客様の購買意欲をくすぐることができます。ぜひ、ポジティブな言葉を使ってキャッチコピーを作り、広告の中にたくさん散りばめてみてください。

## 05
# 緊迫感と緊急性を伝える

「号外！　号外！」

駅前などでそう叫んで新聞を配っている人を見ると、「何が起きたんだろう？」と、われ先に争って取りに行きます。

号外というのは臨時ニュースということです。その言葉が持つ緊迫感と緊急性が、人々の関心を集めるのです。

たまにチラシなどの広告に「号外！」と大きく書いたものを見かけますが、これは本当の号外新聞に便乗して、手に取ってもらおうという作戦です。目を引く手法としては、悪くありません。

同様に、次のようなセンセーショナルな言葉も使えます。

**緊急告知！**（**緊急発表！　緊急通知！**）
**臨時ニュース！**（**緊急ニュース！　臨時速報！**）
**必見！**（**必読！　必聴！**）

これらのキャッチコピーを使うときには、文字を大きくしたり、色を変えたりして、とにかく目立たせるのがポイントです。小さく目立たない書き方をしてしまうと、せっかくのキャッチコピーが迫力を失ってしまいます。

その他、緊迫感と緊急性で人の目を引くキャッチコピーをいくつか挙げてみましょう。

**お急ぎください、あと残り○日！**

**いいものからなくなります、早い者勝ち！**

しかし、これらのキャッチコピーは大げさなだけに、肌に合わない方もいるかもしれないし、「お客様には見透かされているよ」と感じる方もいるでしょう。

そこで、最近私がよく使うのは、「少し上品な緊急キャッチコピー」です。

**78％が売約済み、少々お急ぎください**

**充分な数をご用意しておりますが、人気商品は数日以内になくなります**

つまり、事実を淡々と説明するのです。「お急ぎください」の前には、わざと「少々」を入れるのですが、これによって、かえって「急がないと」という気にさせられます。

また、「充分な数をご用意しておりますが」と、品切れであおるつもりはないことを断っておくことで、「人気商品は数日以内になくなります」という表現が真実味を帯びてきます。

事実を淡々と、かつ緊迫感をもって伝えるほうが、お客様には響くのかもしれません。

06

# 「。」を付けて、キャッチコピーを引き締める

文の最後に付ける「。」。これを句点と言いますが、キャッチコピーにも句点を付ける場合と付けない場合があります。

そもそも、キャッチコピーの作り手が句点を付けるかどうかなど、あまり意識していないというケースもあるようです。しかし実際には、付けるのと付けないのとでは読み手に与える印象が少し変わります。

**①ご来店を、心からお待ちしております。**
**②ご来店を、心からお待ちしております**

①を見たときには何も思わなくても、②との比較で見ると、①のほうが引き締まった印象を持つのではないでしょうか。

句点を付けるということは、文を終える明確な意思表示をすることです。このことが、力強さや丁寧な印象を与えるのです。

ですから私は、基本的にキャッチコピーには句点を付けたほうがいいと思っています。

ただし、例外もあります。

たとえば、「必見」「限定」などといった一語のキャッチコピーの場合です。「必見!」「限定!」というように、「!」(エクスクラメーションマーク)を付けるとしっくりきますが、「必見。」「限定。」は、少し違和感があります。

これは、句点は「文」の最後に付けるものであり、「語句」の最後には付けないという日本語の原則があるからです。

ただし、短いキャッチコピーでも、一語ではない場合は、テクニック的に句点を付けてよいでしょう。

**③最高の一杯**

**④最高の一杯。**

日本酒の広告に、こんなキャッチコピーが使われていたとします。どちらのほうが、その味わいが伝わってくるでしょうか?

④のほうが、おいしそうに日本酒を飲むイメージが湧いてくると思います。

本当は、句点だけでなく「、」、つまり読点も使うと、さらによくなります。

**⑤最高の、一杯。**

読点で間(ま)を入れて、句点で後を締める。そうすると、表現に深みが出るのです。

# 第12章

# あの手この手で「目立たせる」キャッチコピー

## 01

# キーワードを目立たせる

キャッチコピーを演出する基本テクニックに、「キーワードを目立たせる」というものがあります。そのキャッチコピーの中でも、特にインパクトがある言葉だけを大きくしたり色を変えたりして、見る人の目を引くのです。

たとえば、「必見！　これまでの常識をくつがえす新商品登場」というキャッチコピーがあるとします。この中で、キーワードは「必見！」と「新商品」なので、

**必見！　これまでの常識をくつがえす新商品登場**

というように、これらのキーワードだけを大きくして目立たせます。これだけで、このコピーが目に止まる確率が高くなるし、強い印象を与えることができるのです。

キーワードを目立たせる方法には、さまざまなものがあります。

### ①大きくする

キーワードの文字サイズを、他の語句よりも大きくします。他の語句の1・5～2倍の大

きさにするのがベストです。

極端に大きくすると、バランスが悪くなってキャッチコピーが読みにくくなったり、キーワードだけが目立ちすぎて他の語句を読んでもらえなくなります。

**②フォントを変える**

フォントとは文字体のことです。たとえば他の語句が明朝体であるところを、キーワードだけをゴシック体にしたり、少し太めのフォントにします。

目立たせるには、細身のフォントよりも太めのフォントが適しています（第10章「フォントを変えて印象を操作する」を参照）。

**③飾り文字にする**

飾り文字とは、演出のための加工を施した文字のことです。たとえば「必見」（中抜き、または縁取りという）、「必見」（浮き出しという。これを極端にしたのが立体文字）、「必見」（影付きという）などがあります。

ただし、文字サイズが小さいままだと、飾り文字にすることによって、かえって目立たなくなる場合があるので注意が必要です。

**④色を変える**

キーワードと他の語句との色を変えてみます。たとえば、黒い文字でつづられているキャッチコピーの中で、キーワードだけを赤にすると、その部分が目立ちます。

## ⑤かぎかっこを付ける

キーワードをかぎかっこで括ります。前出のキャッチコピーだと、「『必見！』これまでの常識をくつがえす『新商品』登場」というふうになります。

ただし、第4章「かぎかっこを使って深い意味を予感させる」で述べたとおり、かぎかっこによる強調が他と違うのは、「意味深」なイメージが加わることです。たとえば、「必見！　これまでの『常識』をくつがえす新商品登場」とすると、「常識」には何か特別な、意外な意味があるのではないか、と思わせるニュアンスが出るのです。

## ⑥傍点を付ける

傍点（ぼうてん）とは、文字の上に付ける点のことです。ただし、傍点による強調はどちらかというと単語（ワード）よりも語句（フレーズ）に向いています。前出のキャッチコピーに当てはめると、「必見！　これまでの常識をくつがえす新商品登場」となります。

## ⑦下線を引く

「必見！　これまでの常識をくつがえす新商品登場」というように下線を引きます。目立たせるのに適した下線には、この例のような一重線の他に二重線や波線などがあります。キャッチコピーそのものが活字である場合、下線だけを手書きにすると、より目立ちます。

## 02 目立たせるキーワードを選ぶ

前項では、キーワードの目立たせ方を解説しましたが、そもそも、どの語句をキーワードとして目立たせるべきなのか、迷うときがあります。そこでこの項では、目立たせるべきキーワードの選び方を考えてみましょう。あなたなら、次のキャッチコピーの中で、どの語句を目立たせますか？

**①年間、何と15万円の節約効果！**

**②この1冊の手帳が、あなたの夢をかなえます!!**

**③県内でいちばん長～い行列のできる和菓子屋さん。その秘密は!?**

**④全国北から南まで、本当にうまいものだけを毎月お届け！**

①は簡単ですね。正解は「15万円」です。「節約」というお客様にとってのメリットを表す言葉も目立たせたいところではありますが、優先順位としては「15万円」が上でしょう。この例に限らず、意図的に数字を使ってキャッチコピーを作った場合は、その数字がもっとも目立たせるべきキーワードになります。数字は、第7章で解説したように、イメージを具

体的に伝えるには最高の手段だからです。

②はどうでしょうか。お客様のメリットを表わしているのは「夢をかなえます‼」の部分なので、目立たせるのはこの語句にするのが妥当でしょう。「夢」という1文字だけを目立たせたり、「を」を除いて「夢」「かなえます‼」を目立たせるのもOKです。

「手帳」「1冊の手帳」はキーワードではないのか、という意見があるかもしれません。もちろん、売りたい商品は手帳ですから目立たせたい気持ちはわかりますが、これはあくまで夢をかなえる手段にすぎません。キャッチコピーの中では、お客様主体でキーワードを選定するべきです。

続いて③です。このキャッチコピーはやや長めなので、2箇所を目立たせるといいでしょう。すなわち、「長〜い行列」と「その秘密」です。

「行列」は、お客様にとってメリットとは言えません（むしろ苦痛を伴う）が、なぜ目立たせるのかというと、メリットを「予感させる」言葉だからです。意味なく行列をつくる人はいないので、並んでもほしい何かがあるわけです。ですから、「行列」という言葉を、キーワードとしてあえて目立たせます。

あともうひとつ、「その秘密」も目立たせますが、「秘密」という言葉も「行列」と同様、何かメリットがありそうだと予感させる言葉です。「秘密」だけでなく、その前の「その」

まで含めて目立たせる理由は、「行列」「その秘密」という、目立たせた2つのキーワードだけでも意図が伝わるようにしたいからです。

最後に④ですが、私なら「北」「南」「うまいもの」の3語句を目立たせます。最も優先順位の高いキーワードは、「うまいもの」でしょう。ただ、「北」「南」を目立たせることで、全国から集めたという躍動感が表現できます。

このように、キャッチコピーの中でメリハリを持たせることによって、お客様への伝わり方がかなり変わってくるのです。

## 03 文字を飾りつける

「キーワードを目立たせる」の項で、文字体のスタイルを変えて（中抜き、浮き出し、影付き等）目立たせるなどのテクニックをご紹介しました。

このように、文字体やスタイルそのものに変化をつけて目立たせる以外に、文字のまわりに簡単なイラストを散りばめて目立たせるという手法もあるのでご紹介しましょう。

たとえば、次のような飾りつけです。

**住まいの大博覧会**

文字のまわりに、キラキラと光るイメージのイラストを散りばめています。

次は、何もつけないバージョンです。

**住まいの大博覧会**

これを比べてみると、右のほうが、より華やかで楽しそうな印象を受けるはずです。

このように、簡単な飾りつけをするだけで、キャッチコピーをより際立たせるだけでなく、「楽しそう」「にぎやか」などのポジティブなイメージを与えることができるのです。

飾りつけには、この例のような「光」のイラストの他に、「紙ふぶき」「国旗」「ハートマーク」「ニコちゃんマーク」「お祭り提灯」「のぼり」など、さまざまなイラストが使えます。

たとえば、紙ふぶきやお祭り提灯のイラストを散りばめると、よりにぎやかそうに感じられるし、ハートマークやニコちゃんマークを散りばめると、愛嬌抜群、明るいイメージが伝わります。

ですから、このような飾りつけはイベントやセールのタイトルに用いて集客アップしたり、目玉商品、看板商品、いちおしサービスの名称に用いて強くアピールするといった用途に適しています。

また、イラストを使った飾りつけではありませんが、背景を工夫するというテクニックもあります。

その代表的なものが、太陽の光が指すような「放射状」の図形です。これを文字の背景に使うと、その文字が向こうのほうから勢いよく飛び出してくるように見えます。同じ言葉でも、より迫力が増して伝わるのです。

他には、「炎」の写真やイラストを背景に使うという手もあります。この場合は、言うまでもなく「熱意」「熱気」「情熱」といったイメージが伝わるので、やはりここぞというときのセールのタイトルや、いちおしの商品の名前に用いると効果的です。

ただし、飾りつけにしろ背景にしろ、凝りすぎたり、欲張ってカラフルにしすぎると、肝心のキャッチコピーそのものが見にくくなってしまって逆効果です。この点だけは気をつけるようにしましょう。

## 04
# 同じ文字・記号を連続させる

最近は、メールによるコミュニケーションが当たり前になってきました。特に携帯電話のメールの場合、絵文字機能のおかげで、文章力に自信がない人でも、文面でかなり豊かな感情表現ができるようになっています。

さすがに、キャッチコピーに絵文字を多用するのは考えものですが、メールコミュニケーションでよく使われる表現技法の一部は参考になります。そのひとつが、「同じ記号を連続させる」というものです。

たとえば、「。。。」と、句点を連続させる技法。似た表現に「……」がありますが、意味合いは微妙に異なります。

**①「だまされたと思って」とすすめられたお店。そこで私が見たものは……**

**②キッチンが、どうがんばっても片付かない私。。。**

この例でわかるように、「……」は、①②どちらの末尾にも使えますが、「。。。」は②の末尾にしか使えません。「……」は「今後に続く」というニュアンスを持つのに対し、

「。。。」は「その後沈黙」というニュアンスを持ち、後に続かないのです。
それはともかく、「。。。」という表現で、がっかりしている、沈黙している、言葉に詰まっているといったイメージを豊かに伝えることができます。②の例でも、物が散乱したキッチンを前に、途方にくれている主婦の姿が目に浮かぶようです。
さらに、「ー」を連続させる表現もあります。

**思い切って行ってみて、だぁーーい正解でした！**

「大正解」でももちろんいいのですが、このように書くことで、より感情のこもった表現になります。「大」を「だい」「だーい」「だーーい」「だぁーーい」というように、「ー」を連続して用いたり、「ぁ」を間に入れて変化させ、強調しているのです。
また、「！」や「？」を連続させる表現もあります。

**通いわく、「この旨さ、尋常じゃない！！！」**

**なぜ、この商品は日の目を見なかったのか？？？**

「！」よりも「！！！」のほうが驚き感が高まって、豪快な表現になります。同様に、「？」よりも「？？？」としたほうが、疑問感が高まります。
このように、同じことを言うのでも、「。」「ー」「！」「？」などの記号を連続させることによって、より感情豊かに、印象深く伝えることができるのです。

## 05 指し示して注意を引く

お客様と1対1で商談をするとき、熟練したセールスマンは、ただ話をするだけではなく、手と指をうまく使います。

たとえば、「こちらをご覧ください」と言って、商品パンフレットを指し示したり、「つまり、こういうことです」と言ってサッと方眼紙を取り出してグラフを描いてみます。つまり、商談に「動き」を取り入れて、お客様の注意をうまく引くのです。

「指し示す」ことには、相手の視線を集める力があるようです。たとえば、街中で「あっ」と宙を指差すと、周りの人たちはどんな反応をするでしょう。無意識に、「なになに?」と、指が向く方向に目をやってしまうでしょう。これは広告の世界でも応用できます。

社員が指差したポーズをとっている写真を載せ、吹き出しを使って「ココに注目!」と言わせる。指差した先には、特に伝えたい情報や商品を載せておく。こうすれば、かなりの確率で、見る人の視線をその情報・商品に誘導することができます。

**アッ、何だこれは!**

## タネ明かしはコチラ！

キャッチコピーも同様です。これらには、いずれも、「ここ」「これ」「こちら」などの「指示語」が入っています。指し示すのですから当然です。

厳密にはキャッチコピーとは言えませんが、記号を使う手もあります。指し示すことを意味する記号といえば、何を思いつくでしょうか？　そうです、矢印です。

←←←←←←←←

このように、矢印がいくつも並んでいたら、その方向に目をやってしまいます。見事に視線を誘導しているわけです。必ず見てほしい重要な情報があるのなら、ぜひ使いたい表現です。矢印以外では、「指差しマーク」を使っても同じ効果があります。人差し指で指し示しているさまを表わしたイラストです。

これらのマークは、できれば右のようにいくつも並べて使いたいものです。というのも、ひとつだけだと埋もれてしまって目立たないからです。

たとえば、「↓今月の新商品！」という表現はどうでしょうか。矢印がキャッチコピーの一部と化してしまって、目に飛び込んできません。

つまりこの矢印では、「今月の新商品」という、注目させたい言葉に視線を誘導するという役割をはたしていないのです。

## 06 ダジャレで記憶に残す

**求む、買いタイ人（ひと）**

これは、ある住宅会社のチラシに大きく書かれていたキャッチコピーです。最後の「人」は「ひと」と読むのでしょう。「家を買いたい人を求めます」という、普通のことを言っているだけのキャッチコピーですが、実はこのキャッチコピーのそばに、大きな鯛のイラストが描かれているのです。この鯛は、おそらくこの会社のイメージキャラクター的なものなのでしょう。「買いたい」の「タイ」と、鯛のイラストを連動させているのです。つまり、ダジャレです。

「ふーん、それで？」と言われてしまいそうですが、こうしたダジャレは、意外に記憶に残るものです。実際、私が偶然このチラシを目にしたのは2年前のことですが、いまだにこのキャッチコピーとチラシのイメージは鮮明に覚えています。

みなさんも、おじさんのつまらないダジャレが、なぜか頭にこびりついて離れないという経験があるのではないでしょうか。見る人の記憶に残したいなら、ダジャレを活用するのもひとつの手です。

なぜなら、ダジャレは相手に何らかの感情の動きをもたらすからです。「うまい！」と思えるダジャレもあれば、「つまらない……」と思うこともあります。ときには「腹が立つ」と思うこともあるでしょう。いずれにしても、相手に何らかの感情を抱かせるのが、ダジャレなのです。

そして、これはキャッチコピーの領域を超えてしまうのですが、さらにそのときにイラストを活用すると、より強く記憶に定着させる効果があります。

## オール電化で家計ウキ浮き

これは、ある会社がオール電化の宣伝をする際に使ったキャッチコピーです。オール電化とは、一般的に「ＩＨクッキングヒーター」と「エコキュート」の組み合わせを指します。

これまではガスコンロだったものがＩＨに、ガス給湯器または石油ボイラーだったものがエコキュートに代わることによって、使用エネルギーがすべて電気になります。これがオール電化です。

そして、これは電力会社の施策なのですが、深夜は電気料金が格段に安く設定されています。この深夜電力を上手に使うことにより、オール電化にすれば、これまでより光熱費が安くなるとされているのです。このことは、今は多くの人に知られているところです。しかし、そうではなかった1～2年前までは、「家計が助かる」という、オール電化の最大のメリットをお客様に確実に伝える必要がありました。そこで、このようなキャッチコピーを作ったというわけです。

ダジャレは、解説をすればするほど野暮なのですが、念のために。「ウキウキ」という、買い物をするときの高揚感を表わす言葉に、「家計が浮く」の「浮き」を混ぜ込んでいます。ウキウキした感じで宙に浮いているこの会社のイメージキャラクターのイラストを添えたのは、言うまでもありません。

## 07

# 偉人の言葉を引用する

本や記事を読んでいると、偉人が残した言葉を巧みに引用して、著者の主張の肉付けをしている例によく出会います。偉人の言葉にはある種、逆らいがたい威厳がありますから、格好の肉付け材料になるのです。

また、偉人の言葉はそれ自体が、人の目を引きつける特殊なオーラを発しています。だから、読者の目をとらえるのです。

さて、次の2行にわたるキャッチコピーを読んでください。これは、通信教育の広告に使うキャッチコピーです。

**ノーベル賞科学者の湯川秀樹さんは言いました。「一日生きることは、一歩進むことでありたい」**

**あなたは今日、どんな一歩を進めましたか?**

言うまでもなく、偉人の言葉を引用したキャッチコピーです。商品である「通信教育」の必要性を感じてもらうために、湯川秀樹氏の言葉を活用しているのです。名言が名言と呼ばれるゆえんは、それが偉人によって言われたということだけでなく、わずかな言葉で人の心を動かす濃密さにあります。

「わずかな言葉で人の心を動かす濃密さ」……これはキャッチコピーが目指す姿そのものではないでしょうか。ですから、キャッチコピーに偉人の言葉を引用するというのは、理にかなったことでもあるのです。

それでは、似たような感じのキャッチコピーをもうひとつ。これは、話し方教室や語学教室で使えるキャッチコピーです。

**会話とは、他の人が望んでいるより少し少なめに話す芸術のことである。(フランクリン・P・ジョーンズ)**

**あなたは、「会話」をしていますか?**

これは、引用している名言がおもしろいので、思わずドキッとしてしまいます。

**「真剣な時間があれば、その反動として遊びほうける時が必要である」**

**……棋士の米長邦雄さんは言う。**

**真剣な大人たちよ、遊びほうけているか。**

ちょっと格好いいキャッチコピーです。オフロード仕様の車やアウトドア商品など、趣味やレジャーに関連する商品に使えます。さて、これらのキャッチコピーは見栄えもいいし、相手の目を引く効果は高いのですが、これだけでは自社商品の宣伝にはならないので注意が必要です。

たとえば、後者のキャッチコピーは「遊び」「趣味」「レジャー」の重要性を説き、相手に意欲を持たせることはできるかもしれません。しかしそれが、必ずしも自社のサービスの利用につながるとは限らないということです。

あくまで、目を引く見出しとして使い、その後段階を踏んで自社商品のPRを行なうのがいいでしょう。

# 無料!

## 井手聡(いでさとし)の「売れるコトバ」と「買わせるセリフ」FAX会員レター

### 会員募集中!

こんにちは、**船井総研の井手**です。
このたびは、本書をお読みいただきありがとうございます。
皆様に感謝の気持ちを込めまして、私が得意とする
**「キャッチコピー」「セールストーク」**について書いた
「無料FAX会員レター」(不定期)を配信しています!
ぜひお申し込みください。
(お手数ですが、本紙を拡大コピーしてお使いください。)

株式会社船井総合研究所　**井《い》手《で》聡《さとし》**

**井手の「売れるコトバ」**　チラシやホームページ、売場のPOPに使うと売れるキャッチコピー

**井手の「買わせるセリフ」**　接客や営業で使うとお客様のサイフの紐がゆるむセールストーク

**井手の「癒しのフレーズ」**　ちょっと疲れたとき、落ち込んだときに読むと元気が湧くひとこと

| | |
|---|---|
| 貴社名(ふりがな) | |
| お名前(ふりがな) | お役職 |
| ご住所　〒　　　ー | |
| TEL | FAX |

※ご記入いただいた個人情報は、当無料FAX会員レターの配信ならびにご連絡のみにご利用させていただきます。

**このままFAXにてご送信ください。　FAX　06-6232-0207　山本恭行**

【お問い合わせ】　株式会社船井総合研究所　山本恭仁子(くにこ)
〒541-0041　大阪市中央区北浜4-4-10 船井総研大阪本社ビル
TEL　06-6232-0199(平日9:30～17:45)　FAX　06-6232-0207(24時間受付)

【著者略歴】
**井手　聡**（いで　さとし）
（株）船井総合研究所　シニアコンサルタント
1996年、船井総合研究所入社。担当業種は住宅会社、仏壇店を中心に、サービス業・小売業を問わず多岐にわたる。「社長の人生の転機を売るコンサルタント」をモットーに、戦略立案から実務支援まで社長を多面的にサポートし、「いつでも相談できる社外参謀」として厚い信頼を受けている。座右の銘は「実るほど頭を垂れる稲穂かな」。
著書に『使えば儲かる！「売れるコトバ」と「買わせるセリフ」』、『高額商品販売　とっておきのテクニック』（以上、同文舘出版）等がある。

**「売れるキャッチコピー」と「買わせるキャッチコピー」**

平成22年9月1日　初版発行

著　　者 ―――― 井手　聡
発 行 者 ―――― 中島治久
発 行 所 ―――― 同文舘出版株式会社
東京都千代田区神田神保町1-41　〒101-0051
営業(03)3294-1801　編集(03)3294-1802
振替00100-8-42935　http://www.dobunkan.co.jp


ISBN978-4-495-59051-2
印刷／製本：萩原印刷
Printed in Japan 2010